붉고 윤이 나는 농담

엄세원 시집

붉고 윤이 나는 농담

달아실시선
105

달아실

보조 용언과 합성 명사의 띄어쓰기 등 본문의 맞춤법은 시인의 의도에 따른 것임.

시인의 말

시간의 결을 따라
손끝으로 만져온 것들이 있다.
바래고 닳아 윤이 난 기억들,
그 속에 숨은
짙음과 옅음, 진함과 엷음
그 미세한 차이로
웃음과 슬픔은 서로를 비추었다.
빛과 어둠은 결국 한 얼굴이라는 것을
삶의 숨결 속에서 배웠다.

이 시집은 그 배움의 흔적이며,
한때 나를 품어준 이들에게
보내는 조용한 인사다.

2025년 12월
엄세원

차례

붉고 윤이 나는 농담

시인의 말　5

1부

경포대 타임머신　12
천 년의 회전문을 지나며　14
박수근 미술관　16
허난설헌 생가　18
투과하다　21
안반데기　24
문암서원 터址　26
나의 포토존　28
진군하는 그림자　30
찰락이는 잔디　32
배경이 배경을 낳고　34
오죽헌 율곡매　36
물의 금고　38
감명의 복원　40
에트루리아 고래　42
사람 앓는 만대루　44

2부

화원도서관　48
4분의 2박자의 혁명　50
줄이라는 집　52
구름 위의 백일장　54
역도逆道　56
옷장을 비우며　58
확률론적인 지구에 대하여　60
강 대 강 대치　62
붉고 윤이 나는 농담　64
눈많은그늘나비　66
기밀에 접근하다　68
수은빛 수막　70
새바위에 쓴 필체　73
금원과 나　74
구름이 먹이 될 때까지　76

3부

내 안의 얼굴 보려고 80
상동 관계 82
틈 85
충분히 가까이 있다 88
후천성 슬픔 90
세 갈래의 강, 그 빛의 전술 92
불씨 아리랑 94
탁구공의 진술 96
소녀가 봄에게 98
푼크툼은 계속된다 100
눈썹 끝의 바다 백 밤 103
물의 형량 106
두통의 바깥 108
침전을 관조하다 110
나한이 된 바위 112

4부

뼝대가 운다　116
혈통　118
뜻밖의 부작용　120
그림자를 읽다가, 문득　122
망태버섯, 뉴런들　124
미완성 유서　126
그림 뒷면에 고용된 화가　129
총알 하나가 아직도 날아오고 있다　132
인문학적 방울토마토　134
소음을 쓴다　136
닭치각　138
토착　140
변이의 화목　142
견인　144
김장 말이야　146

해설_ 역도逆道, 뒷면을 그리는 화가 • 김겸　147

1부

경포대 타임머신

칠월의 장맛비가 한껏 긁고 간 하늘
텅 빈 것처럼 트여 있다

제일강산第一江山 앞에서 마주한 벚나무 한 그루
제 안을 다 드러내놓고도 가지들이 푸릇하다

속은 비었으나 살아 있는 나무
이미 지났으나 살아 있는 역사

관동별곡에 경포대가 쓰였으니
열 살 때 지은 율곡의 시가 시선을 붙든다

흰 구름 깊은 땅이 산 사람의 처소라면
뿌리 깊은 나무는 죽은 나이테 정령이라 읽어낸다

가까이 다가가서 보니
옹이와 빗물이 지난 자리가 적나라하다
경포대 속 루樓와 정亭도 이와 같을까
다 드러냈으니 숨김이 없는 명소라는 것

어쩌면 벚나무를 살린 건
그 앞 호수의 내력 때문이리라
한 번도 마른 적 없었으니 사백여 년 전
정철의 눈빛이 살려낸 것인지도 모른다

호수를 거니는 밤
벚나무가 서서히 갈라지며 과거로 스며들고
새벽 무렵에야 열린다

남색 두루마기에 흑립 갓을 쓴 그가
설핏 비친다

천 년의 회전문을 지나며

청평사를 향해 가는데
바위와 나무 밑동 사이를 도마뱀이 지나가고 있다
잠깐 걸음을 멈췄다가
경내 대웅전 가는 길목의 회전문을 떠올린다
돌아와 구를 문이니,
저 도마뱀은 누구의 해탈이 빠져나간 몸일지도 몰라

물푸레 까치박달 복자기나무, 잎이 흔들릴 때마다
어느 공주가 지었다는 스님의 가사가 어른거린다
전설은 윤회를 뒤쫓는 이야기여서, 나는
상상에서 상사뱀을 떼어낸다
공주굴 공주탕 공주탑 그리고 회전문
그 모든 서사가 구성폭포에서 수직으로 떨어져 내린다
물줄기에 섞여 곤두박질치고 있다

하얗게 일어선 물방울이 다시 뭉쳐져
푸른 무늬 휘감고 아래로 아래로 하염없이 흘러간다
전설의 끝에는 안개가 있다는 듯

자욱한 물보라 속에서 긴 가지를 늘어트린 서어나무도
천 년 전 물길을 뿌리로 감촉한다
갱신의 후손이리라

선동교를 건널 때
곧거나 휘어져 이끼를 입은 소나무가
물끄러미 내려다본다
나는 어떤 공덕에서 빠져나온 업으로
마음을 들키는 것인가

열 개의 계단을 올라 청평사지로 들어선다
문틀만 남은 회전문 사이로 볕뉘가 스몄다

내 그림자 길게 드리운 문턱에
찌릿한 기운이 몸 훑으며 생生이 놓인다

박수근 미술관

운수골 지나 배후령터널로 접어들 때
푸른 화살표와 반대편 붉은 가위표, 어둠과 빛이다
멈추지 못하는 길과 넘지 말아야 할 선이다

비상 주차장의 하얀 여백은
오천오십칠 미터, 터널에 비하면 소박하다

어둡고 암울했던 계절을 빠져나와도
터널은 또 터널이었던 그의 정진
그림과 마주한다는 건 통로 같은 화풍에 든다는 것

화가 기법을 추월하고 관통하는 도슨트의 설명
'기름장수 1'은 원판에
'나무와 두 여인'은 원판 뒷면에 새긴 이유를
재룟값 때문이라고 했지만
나는 이 차선의 한계로 듣는다
그에게 중앙선은 경계가 아니라 생계였으므로

뒷산 계단을 한참 동안 올라가

검은 대리석에 새긴 글을 들여다보는데

화가 박수근 선생의 부부가 고이 잠들어 계시다

봉분도 잔디도 햇볕에 층층이 발라져
초록 물감이 깎여 나간 자리마다 새살 돋는다

그림 속 터널에 갇힌 나는 어디에 닿았는지
물감 한 방울로 응고된 채 남아 있는지
돌아오는 길, 붓끝이 헛돌며 허공을 가른다

우툴두툴해질 때까지
완성을 기다리는 것 같은 저녁해가
두꺼운 노을빛을 차창에 덧칠해온다
터널 그 안쪽 한 점이 되어 입체를 얻는다

허난설헌 생가

소나무 숲을 마주하고 있는 고택, 허난설헌 생가
야트막한 돌담의 협문은 굳게 잠겼고
문 앞의 우물도 나무 뚜껑이 덮여 있다

울 밖에서 안으로 들어설 때 보이는 정경이 한 편의 시다

마당의 목단꽃 진 자리에 마침표가 맺혀 있고
뒤뜰 장독대와 굴뚝이 행간을 바꾼다

어쩌면 스물일곱 허난설헌은 아직도 시를 쓰고 있는지 모른다

집 자체가 가사歌辭의 음보여서
꽃 피고 날 저물 때 정처 없이 나가서*
집 안팎을 거닐 것이다

디딜방아가 있는 곳간채에서
공이가 돌확에 맞부딪칠 때 음송이 들리는 듯하다

방 안의 족자와 액자는 묵향 안에 있어
나를 다소곳하게 툇마루에 앉게 한다

왼손에 든 책을 오른손으로 넘기는 초상을
한동안 바라본다 향로의 향마저
사그라든 밤

아무도 모르게
꽃 피고 날 저물 때 정처 없이 나가서*
초상 속에서 걸어 나와
우물 뚜껑 열고 그리움을 길어 올리는지
나는 깊이를 알 수 없어서 더 깊어지는
생각을 투명한 거울이라 하고 싶다

문득 솔숲에서 새어 나온 소리
치맛자락 스치는가 싶어

화들짝 마당으로 내려서자

사랑채 둥근 문고리가 숨죽인 듯 떨린다
녹둣빛 저고리 자락이 어둠을 스치며

석영 같은 두레박이 우물 속으로 떨어진다

*「규원가閨怨歌」의 일부.

투과하다

봉래산 별마로천문대에서 망원경을 들여다본다
캄캄한 밤하늘이 점점 환해지더니
별들로 가득한 천간이 드러나고
십이지의 거리에서 한 점이 내 눈에 맺힌다

들여다본다는 건
의지가 배율 높여가며 자신만의 풍경을 찾는 것

한 점이 점점 빛을 끌어모으며 확장되어간다
봉우리를 비스듬히 비켜 가
동강과 서강의 합수머리와
무궁화호 바퀴가 철로 온도까지 닿는다
아, 이 놀라운 미시의 세계

청령포 육육봉을 휘도는 물길 건너 장릉이 보여
물물이골과 금몽암에서 깊은 심호흡을 한다
삼각산이 천이백 년 묵은 은행나무가
흙 속에서 새 뿌리를 내리는 게 보인다

서강을 가로지르는 나룻배 한 척이 건너편에 있다
마치 이 세상과 저세상의 기슭인 듯
나의 먼먼 과거까지 관측된다

배 건네줘요 배 좀 건네줘요 나 좀 건네줘요
목에 쇳소리가 나도록 불러도 사공은 없고
큰 인과에 묶인 내 안의 내가 픽픽, 소리를 낸다

생과 사는 우주가 내려다보는 한 점 찾기다
점 하나가 싹 트는 일,
그 질서정연한 것이야말로 자신의 미래에
꽃잎을 두르는 것

꽃잎 떠가는 강을 이별이라 하지 말자

어디서 나타났는지 사공이 놋좆에 노를 끼우고
삐거덕대며 노를 젓는다
나는 지금 배에 누워 어디로 가고 있는가
강 한가운데에서 일출 빛살을 보고 있다

아니 일몰에 젖고 있다

동그란 원 안에서 초점이 흔들린다
기우뚱거리는 배,
굴절된 내가
밤하늘 별 하나에 눈을 떼지 못하고 있다

안반데기

늦가을 고랭지 비탈은 고요하다
능선 넘어온 바람은 풍력 프로펠러를 끈덕지게 돌린다

지평선 너머로 붉은 태양이 수없이 다녀가고
오와 열을 맞춰 일렁이던 배추도 노을 따라 떠났다

덤으로도 딸려 가지 못한 늙수그레한 배추들
툭툭 갈기고 지나간 검버섯 낀 잎들이
사금파리처럼 반짝이고 있다

소슬바람 한 자락이 흔든 밑동 흙냄새에 섞여 알싸하다

밭 한가운데 가로질러 간 트럭의 바퀴 자국이
아버지의 굽은 등처럼 밭고랑을 그렸다
이랑 넘을 때마다 별들의 실핏줄이 펼쳐지고
밤마다 은하수가 그 위로 흘러내린다
북극성의 길잡이로 유성을 쫓다가 여기서는
서리 맞고도 꿋꿋하게 되살아나는 생명들

배추는 왜 포기라고 명명했을까
흐름에 자신을 완전히 버릴 때 차고 습한 계곡이
더 단단해진다는 것인지

줄기와 이파리도 겹겹 함의를 더듬고 있다고
등고선이 알차게 맥을 파악하는 중이다

널찍한 바닥도
우묵한 구석과 틈까지 포기할 생각이 없어서
이랑과 고랑 사이는 절대 얄팍하지 않아서
남은 그들이 서로를 희끗하게 바라본다

이젠, 배추포기가 늦가을을 수확하는 중이다
이 넓은 평원 덮는 편서풍이
시나브로 불고 있다

문암서원 터址

서슬 퍼런 철폐령에 서원은 사라지고
기운 해만큼 표석과 표식만 얕은 언덕에 나란하다

표식의 글을 읽다 보면 손때 묻은 고서가
흰 글씨로 검은 대리석에 경건하게 내려앉는다

그 파인 비좌碑座가
허허벌판으로 빠져나간 유생들 발자국 같아서
위패가 차고 슬픈 문장으로 돋는 것 같아서
눈길을 거두지 못한다

이곳에서 석축과 연못 터와
기와편 백자편 유물이 출토되는 동안
강이 수없는 계절을 흘려보냈다는 걸

묵은 싹을 뚫고 나온 쑥 한 더미를 헤쳐보면 안다
역사란 거대한 시류에서 한 줄기 수과瘦果를
길어 올리는 것
댐에서 불어오는 바람이 수면을 흔드는 것도

다만 물빛의 흥망이다

정亭도 루樓도 없는 서원의 터 끝에 서보면
사액도 궐의 이마라는 것,
이곳에서는 햇살도 지극한 하사품이다

나는 이백육십여 년을 한 번에 훑어본 것만 같아
가까이 다가가 정인처럼 쓰다듬는다

금빛 입힌 고서 한 권 읽은 것처럼
강원 최초 사액서원인 문암서원 자리라고
성균관에 버금가는 명륜당이라고

하늘 찌를 듯 높이 솟은 자목련 한 그루는
수백 개 꽃송이가 가지마다 휘황하다

나의 포토존

사진 명소가 나만을 기다리지
그곳을 가기 위해서는 기차가 강촌과 가평을 계산해주어야 해 아이티엑스 청춘열차 예약할 땐 창 쪽 A 열이 좋아 청량리 급행 전철도 조금 서두르면 자리는 있으니까 어쩐지 창 쪽 A 열이 나를 부를 것 같은 예감

나의 포토존은 은근해
시월은 백양리역에서 낭만을 썸으로 바꿔주지 터널을 막 빠져나오면 연애 감정이 부르르 떨게 해 기차의 진동은 절대 아니야 카메라로 차창 너머를 찍으려 하면 검지가 먼저 긴장하지 셔터의 ok 사인은 자라섬 반대편의 뭇, 강과 하늘이 서로 비비듯 접촉할 때 눌러야 해

온몸이 짜릿해지는 포토존아
찍고 나서 액정이 저 스스로 리플레이하지, 뒤에서 보고 앞에서 보고 아니다 싶은 사진을 지우기도 해 그때의 기분이란 삭제된 사진을 내 마음 폴더에 옮기는 일 딱 한 장 건지고서 그것마저 손가락 실수로 지워졌을 때 그 허망함이란, 넌 아니?

사진 명소가 스스로 알아서 일출과 일몰에 갔구나
 여름이 가을로 접어들 때 가을이 먼저 와 기다리는 산, 단풍들도 볕의 매력에 이끌려 붉지 앗, 너무 가까이서 들여다보았나 봐 차창에 입김이 서려 있어 그러면 나는 하트 하나 그려 넣지

 포토존을 창가에 앉혀놓고 보니
 내릴 역을 지나쳐도 되겠다

진군하는 그림자

충열탑 계단에 올라서자 짓눌려 오는 햇볕,
묵념의 깊은 곳으로 가라앉게 한다
분위기란 내 몸을 감싼 간절한 기운이 아닐까

이곳은 격전지, 빗발치는 총알들
픽픽 쓰러지는 철모들 사이
언덕 귀퉁이에 등을 댄 채 망연히 바라봤을 하늘
지금은 그 태양이 다시 나아가라고
시간이 만들어낸 안팎의 명암을 흔드는데

나무들 가지마다 거뭇거뭇한 핏발이 서고
언덕의 경사가 매복할 진지가 된다
전쟁은 기억 속 교전에서 계속되고 있다

반쯤 부러져 썩은 고사목 하나
장렬히 고꾸라져 있고
충열탑 깃발만은 총신처럼 위로 향하고 있다

산 사람이 죽은 사람을 불러올 순 없지만

죽은 사람이 산 사람을 위로할 수는 있다

다시 소환되는 병사들, 오래도록 잊지 말라고
소멸을 불러들이며 햇볕 아래 합체되는 그 무엇
오감이 바람을 초월하고 있다

일어선다. 검은 음영의 다리로
비대칭의 어깨로
지그시 입술 깨문 얼굴로

모든 과거로 빠져나간 시간이
흐르는 물의 궤적을 거스르듯
일렁이는 나무와 탑의 그림자에
피와 살점과 총신의 산산조각을 붙이고 있다

찰락이는 잔디

목숨이 위험해진 왕건을 위해
팔공산 전투에서 왕의 갑옷을 입고 싸우다
전사한 장절공 신숭겸 묘역에 와서 본다
적이 목을 베어 가져가자
그의 죽음을 슬퍼한 왕이 금으로 머리 만들고
세 기의 봉분으로 도굴을 피하려 했다는

한여름 잔디가 묘역에 수없이 달린 초록 미늘이다
기러기 세 마리가 날아가는 그림 사안도射雁圖
왕의 명에 화살로 기러기 왼쪽 날개 맞혀 떨어뜨렸을 때
찰락대는 갑옷이
오늘은 빛을 머금어 파랗다

어쩌면 잔디도 묘역을 섬기는 게 아닐까
뛰어난 생명력과 전략적인 번식으로 밤낮을 활약했을

신숭겸의 희생이 후대까지 전해지듯
이곳에 잔디의 충절이 곱게 깔려 있다

숨을 가다듬으며 오른 세 기의 봉분 앞에서
읍하고 돌아서니
앞이 탁 트여 춘천 시내가 한눈에 들어온다

방동리 장군봉과 강 건너 봉의산, 그 너머 대룡산이
마치 호위무사처럼 둘러서 있다

명당을 몰라도 명당이구나
깔린 잔디 끝에는 금강송이 장검처럼 꽂혀
붉은빛을 튕겨낸다
마치 목숨을 다해 치렀던 그날처럼

죽어서도 각자 역할로 쓰임이 있어
산과 잔디와 금강송은 자세가 흐트러지지 않는다

명당이니 왕을 대신해 장절공이 묻힌 것은
당연지사라고
장렬히 한여름을 버티는 잔디들
어디 한 곳 뚫린 곳이 없다

배경이 배경을 낳고

성림문에 가까이 가면 속삭이듯 귀 간질인다
높게 오르지 말고
가장 널리 쓰이되 가장 많이 쓰여라

시선은, 천 원권 지폐 앞면에 들어섰다
성리학의 대가 초상화 배경이 된
매화와 도산서원을 돌아 뒷면으로 들어서면
수려한 산세 속 서당 있었고
산수화 계상정거도溪上靜居圖, 그 뒤에는
어머니 춘천 박씨가 있었다

기둥의 부재, 낮은음으로 호흡하고
보이지 않는 곳에서도 늘 행동을 삼가하고
하늘에 결코 부끄러움이 없도록 하라고

엄중하고 각별한 교육을 생각했으리라
공기는 덥고 춥고를 반복하다가
길고 긴 한낮 마른 길 위를 걸어갈 때
새벽이슬, 그 이슬에 흙이 젖고

손차양으로 빛의 눈부심을 가리며
낮은 곳에 있되 널리 살피고
시야가 닿지 않아 더 깊고 넓은 곳이 있으니

계절이 계절을 건널 때마다
어슴푸레하고 무람하게 다가왔듯

큰 나무 아래서 잠시 머물고 있다
배경은 또 큰 배경을 낳고

오죽헌 율곡매

검은 입제를 바른 율곡매가 쇠 파이프에 둘리어 있다
수세 회복을 위함이라는데
본 가지와 곁가지가 잘려 나가 뭉툭한 것이
암담하다

세종 이십이 년경에 심어져 사임당이 직접 가꾸었다니
육백 년 시간이 제 안에서 회오리치다가
정념情念만 하늘로 오른 것 같다

살고자 산 것도 아니었고 살아서 얻은 것도 아닌
그저 홍매일 뿐

세로로 직각으로 대각선으로
쇠 파이프가 한 평 너비의 공간을 터놓고 있는 건
천연기념물에 대한 최선의 배려인지
유심히 살펴보는데

과연 신사임당처럼 갇힌 것인지
유교라는 제도권에서 할 수 있는 일이란

하지 말아야 할 것들 밖이었는지

살기 위해 가지가 잘리는 것도 당대의 제약 같을까

원줄기 우듬지가 잘릴 때
낙관 없는 그림이 이리저리 흩어지고,
그나마 왼쪽 줄기에 틔운 잎들은
제 이름을 얻어 소산이 되었으리라
매실같이, 율곡같이

딸 매창이 살았을 적 나무에 눈빛을 주었으니
뿌리 어딘가에는 그날의 매화를
간직하고 있을지도 모른다

한낮의 태양 아래 이파리가 파르르 떤다

볼트와 너트가 조금씩 풀려 쇠 파이프 벗기를
한동안 꽃 진 자리를 지켜봐주기로 한다

물의 금고

봄의 도난을 막기 위하여 소양댐은
겨우내 잠겨 있다 그동안 구름을 지켜가며
코발트블루를 보관하는 일
춘천시와 춘천 시민은 다 알고 있다

때로는 장마철 폭우가 골짜기를 부수고
전망과 기슭을 모두 털어 달아나기도 한다
그럴 때마다 정상, 소양호 표지석*은
태양의 다이얼을 돌려 햇볕을 열어놓는다

물의 행복이란 담수량에 있는 것이 아니다
적정량의 불행도 필요한 법,
그래서 다목적이 겸한 것은 감정 수위의 조절이다
단순한 미학적 요소가 아닌
수력의 육중한 책임이다

산과 나무들을 되비쳐주는 잔잔한 수면
간간이 튀어 올라 활개치다 가라앉는 버들치
밤이면 털거덩하고 닫힐지라도

귀한 건 사라지지 않는다

물살을 과거로 돌리면
바닥에서 집들과 거리가 움직인다
이 원리로 정해진 추억에 맞춰
정확하게 애환이 배열되었을 때만
슬픔을 열 수 있다

관대리 내평리 신이리 청평리 품안리가
다이얼의 숫자판처럼 돌아갈 때
물길은 열린다

소양강 댐에는 과거의 보석들이 드러장여 있다

* 1972년 11월 25일, 춘천시 신북읍 천전리에 설치되었다.

감명의 복원

신라 금동보살입상이 오 년간 복원 끝에
박물관에 전시 중이다
천 년 전 원래대로 회복되는 일이란
가능성이 시간에 부합하는 것

나 또한 어릴 적 순수로 복원되기에는
너무 먼 행적을 건너온 건 아닐까
때가 묻었고 실리에 가치를 내줬고
부富에 녹이 슬었다

수없이 돌아가면서 복원되어 갔던 불상처럼
눈을 감자 내 몸이 빛의 판 위에서
몇 바퀴 돌아드는데

은근한 미소 뒤의 번잡,
그에게는 속을 보여줄 수 없었다
지그시 감은 눈에 눈물이 흘러도 보이지 않았다
어둠 그 너머에 나의 밖을 내줬던 시간

나는 또 돌아들고 있다 아득한 속도로

겹치고 겹치는 파문에 적응하려고
나를 낮추는 일,
부서진 감정을 재생할 수 없듯
어쩔 수 없이 내가 돌아선 사람
낱낱의 장면이 빛 속에서 휘돌고 있다

점점 과거로 가고 있다
그렇게 돌아들고 있는데

아버지는 올곧게 살거라, 하셨지만
휘는 것에 대한 이유가 더 많았다
그때의 유연이란 기미와 사귀며 사는 것

나는 스스로 되돌릴 수 없는 빛을 덧입고 있다
귓속에 저장된 울림, 쏴 빠져나온다

익숙하지만 낯선 내가 전시관 안에 있다

에트루리아 고래

국립박물관, 에트루리아 태곳적 자취를 따라
고대 지중해로 걸어 들어간다

고래 한 마리 빙글빙글 돌면서 나아가다
힘차게 솟구쳐 오르는 그 찰나, 나는
심해에 침몰되었다

어쩌면 고래는 사후세계의 꿈이 아닐까
짙은 하늘에 보름달이 출렁거리고
흰 거품을 일으키며 어느 망자가 밀려온 것

목 없는 채로 몸마저 방황하는 영혼의 조각상 옆에서
밤물결이 안내하는 해저, 노을 잠긴 자리에서
보름달은 미지의 세계
줄을 타는 곡예사의 발끝이 위태롭게 떨린다
그 꿈틀거림이 소리 되어 바다 밑으로 흘러내린다

문명, 한 축이고 시작인 야누스 생사의 궤도
다시 살아남기 위해 제 표정을 얻는다

전쟁과 재해로부터 지금, 이 순간
아직도 발견하지 못한 불길不吉이 있다고

수천 미터 방주 속을 유영하는 고래 한 마리
불쑥 떠오를 때까지, 나는
아직도 해독되지 못한 유적에서 때를 기다린다

내 안 어디선가 높다란 물기둥이 솟아올랐고
태곳적 고래 구름이 뭉글뭉글 피어나고
발끝에서 꼬리지느러미가 자라나기 시작했다

사람 앓는 만대루

  병산서원 복례문으로 들어서자 바람은 배롱나무꽃에서 변주된다

  입교당 마루 지지대에 날아와 앉은 참새떼들 챔 챔 챈, 저들끼리 수칙을 지저귄다 후대라는 확신이 공부의 절차를 남긴다 푸른 절벽은 오후 늦게 대할 만하다* 만대루 편액은 아직 그대로다

  한 계단씩 쓸려 올라설 때 속삭이는 말, 돌 할래? 기둥 할래? 그레질한 굵디굵은 기둥과 돌의 합, 돌은 시간을 엇물었고 나무는 세로 주름투성이에 질곡을 맞췄다 더 나아가야 한다

  복례문을 통과할 때 불쑥, 너는 이엉 할래? 뒷간 할래? 가서 깃들지도 못하면서 병풍이 된 산 앞에서 우물쭈물한다 그늘을 개조해서 만든 것 같은 먹구름이 볼일 보듯 다가온다

  너는 빗줄기 할래? 그 빗줄기를 다 받아내는 강 할래?

이 말을 은근히 기다렸다는 듯 둥근 파문이 덥석 받는다
몇 백 년을 이어온 접속과 접촉의 징비록이다

  한차례 뿌리고 간 비, 그 너머 초승달이 한때의 행적을
걸어놓는다

  헌 배롱나무가 땅속을 품어 열매를 맺은 것처럼
묻힌 자들의 검은 눈동자가 터오는 것처럼

  너는 사람 할래? 그 사람을 대하는 오후 할래?

* 두보의 한시에서 가져온 만대루.

2부

화원 도서관

십여 년 공터였던 도서관 부지에 화원을 조성했다지

허수아비 한 쌍이 사서처럼 지키는 그곳에 가보았다
칠천 평, 가득 채워진 꽃들
빽빽하게 들어찬 장서들이라니

어쩌면 도서관이 들어서기 전
향기가 열람하고 대출되는 공공 들녘이 아닐까
초입의 구절초는 다중 연분홍 열람실
가운데 백일홍은 가을문헌정보실
맨드라미 해바라기 코스모스들도 속속 자리 잡고 있다

저마다의 휴대전화는 구석에 틀어박혀서 읽는 눈이다
흩날리는 바람 한 장 넘기면
다른 각도 꽃의 활자가 눈에 들어온다
현재를 빌려보는 것이니
미래는 연체될 리 없다
나도 색색의 목록을 뒤지기로 한다

꽃이 한 권의 책이라면 꽃잎은 단어, 줄기는 목차
뿌리는 000에서 900까지의 분류 체계

유치원생들이 대단한 학구열로 되똥되똥 훑고 있다
수없이 복습해온 늙수그레한 꽃들
골라보는 재미가 붙었는지
구석구석을 두리번거린다
저 책들을 겨울까지 대출받고 싶지만

꽃길만 걷는 사람들이 온다
개관 시간을 꼬박 지키는 계절이 가고 있다

몇 년 후 도서관이 준공돼 가을이면
꽃말들이 쏟아놓은 책들,
땅속 소장되었다가 때맞춰 부속실이 되겠지

4분의 2박자의 혁명

자정 무렵 구로역 전철에 들어서는 남자
기타 가방을 메고 있다
귀와 어깨 사이 걸친 장총 같다

내 동공에 전달되는 이미지, 시위 현장에서
공연을 이제 마쳤을까
또 다른 벤세레모스 벤세레모스,
빅토르 하라*일까

그가 출입구 쪽 의자에서 졸고 있다
끝에서 끝을 향해 달리는 전철이 국경을 넘나들고
기대놓은 기타 가방이 반쯤 열려
객차가 흔들릴 때마다 기둥 손잡이에 걸린다

그는 어깨에 탄환을 두른 것처럼
기타 벨트 매고 노래의 방아쇠를 당겼을까
바닥이 덜컹거릴수록 기우는 어깨
끝내 앉아 쏴 자세다

가방에서 조임쇠가 삐져나와 있다
마지막 레버가 당겨진 것처럼
지퍼가 기타 줄 가까이에서 흔들린다

네온간판이 플라스틱 탄피처럼 속도에 퉁겨지고
분홍 의자에서 눈의 무게를 이기지 못한
그가 옆으로 폭 쓰러진다
파르르 떨고 있다

드디어 기타 줄과 맞닿은 지퍼,
반동으로 스트로크를 시작한다
객차는 이제 4분의 2박자다
덜컹 챙 덜컹덜컹 챙챙, 음악이 쏟아져 내리고

내가 아는 노래가 그가 모르는 꿈에서
명중된 듯 입술을 달싹이고 있다
노동가를 흥얼거린다

* 칠레의 민중가요 음악가. '벤세레모스'는 '단결하라'의 뜻.

줄이라는 집

허공에 걸친 줄은 얼룩무늬의 가계도다
위에서는 바닥 걸치고 아래서는 고층에 닿은
그 줄에 줄줄이 엮인 줄이라는 집

밤마다 매달려 줄과 줄 사이의 층층이
불빛으로 출렁거린다
먹이의 보관소인가 잠의 묘지들인가

이곳에서는 보름달도 수분을 빨아먹고 하현으로 만드
는지
줄 타고 순식간에 달려온 달빛이 형형하다

엘리베이터는 방적돌기여서
지상에서 사람들을 뽑아낸다 밤마다 어둠으로 돌돌 말아
꿈을 주입해 피곤을 섭취한다

사랑이라는 이름의 종족 번식
새끼가 태어나고 자식이 자라고 출가하는 아파트
미혼모의 무력감이 일찍 소등되기도 하고

아비를 포기한 아들의 소갈머리가 술병을 들이박는다
벽이 통째로 울리는 그물의 출렁거림

그럼에도 줄 타려면 기다림을 배워야 한다
겹겹이 연결된 선이 오르고 내린다

벽이 곧 줄이므로 거센 바람이 낯선 얼굴을 흔들 때
우는 소리에 선이 구불구불하다
창문은 아슬아슬하게 서로의 틈을 버틴다

모성은 아이 낳고 금줄을 치고
무당거미는 짝짓기 신호로 금줄을 친다

얽히고설킨 줄에 이슬이 아웅다웅 빛난다
금禁 줄이다 줄의 발전소다
이 집은 매혹스러운 고갱이다

구름 위의 백일장

 호주 학술 세미나 팀의 빈자리에 끼였지 인천공항에서 시드니까지 열한 시간 남짓,
 이코노미석 이십 열쯤 앉았는데 누군가 제안한 구름 위의 백일장,

 글제는 '고지대', 제출 마감은 착륙 전까지,
 오페라하우스 입장권이 부상이고 심사위원은 원로 시인 몇이 맡는다고, 구름은 머릿속
 하얀 백지 같은데 어떻게 쓸지 들여다보면 간간이 대양이 파랗게 주제를 좁혀주었지

 고지대에서는 마음의 수압이 약하다
 때마침 기내식이었지 직관은 먹거리에서 시작될 수 있는 법 불고기 쌈밥에 쑥개피떡이
 중심 얼개가 되지 두 번째 기내식의 채소 전복죽은 죽을 쒀도 써야 한다는 강박

 생각이 희박하므로 주어를 내줘야 한다
 글 속에 글이 들어앉지, 앉을 때 화이트와인 한 잔이 제

격이지 알코올 성분이 내 안쪽
　피의 원본을 분해해갔지

　그러면 시는 저 스스로 폐활량을 늘려간다
　얼마나 짜릿한 경험인가 육백여 분침이 썼다가 지우기
를 반복하는 동안, 나는 마지막
　문장에서 현기증을 느끼고 말았지

　지금 어지럽다면
　저지대인 내 안이 문장을 앓고 있다

역도逆道

직업란에 딱히 적을 게 없어
망설임 끝에 점 하나 찍었던 때가 떠올려진다

목이 아니라 숨, 명이라고 해야 하나
아니, 걸어온 길을 들어 올려 그 중량을 가슴에 받쳐든다

바벨을 높이 쳐들고 숨을 몰아쉰다
버리고 주워 담고 다시 버리는 연습을 하고 있다

돌이켜보면 굽은 허리에 가죽띠 졸라매고 역기 붙들 듯
느슨하지 않도록 단단히 동여맨 나의 심은
번쩍 들어 올렸다가도
종종 뒤로 넘어가곤 했다

꿈에도 체급이 있어 내가 출전한 이번 생은
기록을 세우느라 후일을 낮추잡았다

호흡 삼켰는지 복부에 힘 줬는지 시간을 잴 필요는 없다
지웠지만 다시 기억되는 것이 역도

목표가 나를 초과할 때마다 실핏줄이 내돋쳐 있다

꿈속의 꿈으로 나를 들어 올리는 일
구름 위로 사뿐히 들어다 아래로 떨어트리는 일
바닥에는 텅텅 울리는 반동으로
내가 풀썩거린다

다시 힘 빼야 생기는 근육을 번쩍 들어 올린다
지나온 삶의 바벨을 들어 간신히 가슴에 걸친다
호흡을 가다듬고 숫자 센다

덜덜덜 쇠막대기에서 무게의 부스러기들
떨어져 내린다 역도逆道가 휘날린다

옷장을 비우며

완치 판정을 받고 집에 돌아왔다
뱉지 못해 속에 가뒀던 묵은 나를 버리려 한다

옷장 앞에 선다
문을 열자, 옷들이 와글거린다
쌓아둘 공간이 없다는 신호가 목까지 차오른다

옷걸이에 걸려 늘어져 있는 말의 무게들
환복으로 보낸 원피스,
백두대간 데려다주었던 등산복
알 수 없는 두통이 찾아왔던 갖가지 정장
어깨를 벗은 채 손에 잡히는 대로 딸려 나온다
옷들은 과거에 묻혀 제각각 겹쳐 있다

버려야 들일 수 있다, 한 벌씩 들어 올려보는 마지막 의식
한때의 기억이 각질처럼 일어서 있다

한 번에 다 들지 못하는 저 무게
백 리터 쓰레기봉투 네 장, 오십 리터 한 장이

막장에서 떠나는 석탄차들 같다

혼잣말이 그냥 없었던 것으로 눙치려 할 때
미련은 한꺼번에 묶는 게 아니야
손가락에서 휘청거리는 하중은 듣지 않는 계절 같아
막무가내로 적재되어 있다

어느새 옷장은 품었던 감정을 다 비웠다
옷이 몸을 입었던 이야기가 아니다
들일 때와 머무를 때 그리고 버릴 때의 각오란
사력을 다해 한때의 나에게서 벗어나는 것

옷장을 다 비우니
비로소 신념을 보관할 자리가 생겨난다

확률론적인 지구에 대하여

물질을 쪼개고 쪼개면 원자가 나오고
그 핵 주변을 전자가 돌고 있다지
시간이 아주 느리게 간다면
전자는 속도를 늦추고 결국 깜빡이게 된다는데

그 구멍이 열렸다가 닫힌다
아무것도 아닌 사소하고 비장해서 들뜬 것들이
눈, 비, 바람과 햇빛이
한순간 방관할 수 없는 욕망과 욕구 사이를
순간마다 드나든다

이 은유는 인간을 원심분리기에 넣고 돌린
어둠의 숨구멍 같은 것
구멍 속에는 꽃이 피고 나비와 벌이
무의식을 여닫는다

그 구멍이 닫혔다 열린다
백 킬로 거구의 사내가 18K 금으로 배설된다
동굴은 분리되고 도달되어서

인간의 모든 동공을 공유한다

벌름거리며 맡았던 구멍이라는 시차
내가 사라지고 내가 멎고
그리고 내가 발생하고 만다

모두 열리고서야 비로소 닫히는 구멍이
전자가 되어 원자를 돌아
물질이 되어
나의 홍채로 빠져나온다

강 대 강 대치

국지성 폭우는 비정규군,
골짜기 나무와 자갈과 흙을 탈취하고 있다
저수지 수면이 강타당하는 한낮
댐의 수위는 황톳빛으로 흥건하다

유입된 물길이 수심을 벌집 쑤시듯 뒤져
뭇 것들을 색출하고 있다
점유한 공간을 빠르게 휘돌며 진 치고
호시탐탐 댐 너머를 노리고 있다

저수지에서 장대비를 들여다보면
수면에서 솟구치는 비정규군이 보인다
이미 숲을 점령하고 게릴라 작전으로
넘어든 것들, 아래를 향해 불쑥거린다

어린 아까시나무 뿌리가 비탈에서
오갈 데 없이 들려 있다
줄줄이 끌려 나오는 중턱의 바윗돌
포승줄 뿌리치고 달아나려는 환삼덩굴

나는 처마 아래 중립지대에서 폐허를 들여다본다
현현한 처참, 불의의 참사

빗줄기가 가늘어지자
검은물잠자리가 물의 능선 넘어
기슭까지 작전을 수행하는지 낮게 비행하고 있다

비정규군이 짙은 회색으로 안도할 때
배후는 서서히 반격을 준비하고 있다

수문 관리원이 댐 진입로에서 다가온다
수문이 열리자 쿼르르,
거센 물줄기가 쏟아져 내린다

그러나 임무는 끝이 아니다
되뇌는 먹구름

저수지는 또 다른 국면으로 접어들고 있다

붉고 윤이 나는 농담

강릉 바닷가 펜션에서 일박하고
푸른 새벽 포구를 걸었다
해무에 잠긴 등댓불이 보름달과 뒤섞여
물방울에 번져 붉게 빛났다

맨발로 울퉁불퉁한 조가비를 밟으며
밀물에 발목을 적셨다

숙소에 돌아와 사과를 깎는데
안개와 해무 사이, 사과와 등대가 서로를 비추었다
배가 들면 길을 내주는 파도

파도는 뭍을 돌려 깎고, 포말은 포구 삼키는 소리

손가락과 칼 사이 사각거리는 소리가
파도 소리와 겹쳐 창밖 풍경을 쟁반 위에 띄웠다
새콤달콤한 감정이 출렁이는 수면 위로

씨앗은 남겨두고 껍질만 적어두기로 했다

진담은 칼로 도려내야 드러나니
이쑤시개 같은 질문은 쓸모없다

붉고 윤이 나는 농담을 붙잡으려고 휘청거렸다
우리는 본질과 껍질 사이에 갇혔다

어느덧 붉은 사과 한 알이 바다에 떴다
위아래로 비추는 빛살이 깊다
서로의 빛이 되어간다

눈많은그늘나비*

산행하다가 우연히 보게 된 빈집,
나비 모양 경첩이 눈에 띈다 비스듬한 수직을 매단 것이
마치 벼랑에 붙어 있는 나비 같다

삐걱, 햇살에 몸 맡기고 백두대간 쏘다닐 날개
날개로 감았다 뜨는 눈많은그늘나비
튀어나온 못을 더듬이처럼 달고
나무 날개에 시간을 세워 너울너울 날아가는 나비다

한쪽 날개는 마당에 다른 한쪽은 문짝에서 펄럭인다
그 사이 집주인이 바뀌고
결국엔 녹이 인분처럼 덮여 있다

나는 제 몸을 구부리고 그늘로 들어간 애벌레가 되어
마당 안으로 그림자 먼저 디민다

굼틀거리는 고요가 돌쩌귀보다 더 놀란다
십자못이 박힌 자리가 눈처럼 보이는 경첩은
수없이 날갯짓할 때마다

가문의 빛과 가계의 그늘을 보아왔을 것이다

마당을 지나 마루에서 부서진 방문 너머를 건너다본다
삐뚤어진 액자 속 산 듯 죽은 듯 갇혀 숨죽인 얼굴들

오래된 나무의 쿰쿰한 공포가 어룽거린다
흠칫, 습기의 더듬이로 할퀸 벽지가
스르륵 내려앉는다

삐거덕, 녹이 번쩍 눈 뜰 때인가
움푹 파인 눈 속에서 부스러기를 떨굴 때인가
나도 모르게 뒷걸음치다 닫아버린 문

집주인은 떠나도 닳고 닳은 틈 사이
붙들려 있는 나비!
녹슨 경첩이 낯선 방문자를 점. 점. 점 쫓는다

* 네발나빗과의 곤충.

기밀에 접근하다

거울이 홍채를 인식하자 내가 읽힌다
빛의 각도에 따라 하나씩 잠금이 해제된다

내가 그 안으로 들어갈 때
거울이 나를 들여놓을 때

유도선이 있었는지 희미했는지 밝았는지
거울은 바짝 다가와
동공을 왼쪽으로 한 바퀴 딸깍딸깍
오른쪽으로 반 바퀴 툭툭 돌린다

바짝 조여진 눈동자 속에 홈이 드러나고
모래시계 모래알 빠져나가듯
저편이 싸르륵 드러난다

이곳은 어디인가
바깥이 안으로 팽창해 열려 있는 세계
극도의 긴장에서만
건물들이 움직이고 회전하는 곳

팔월인데 이곳에 눈이 내린다
아니, 눈이 섞인 진눈깨비가 추적거린다
걸음을 옮길 때마다 같은 건물이
앞에서 푸슬푸슬 나타난다

벨 앞에 선다
위험이 강박증을 앓고 있다
안쪽으로 들어선다는 건
나를 증명할 유일한 사람을 구하는 것

눈에 힘 풀고 눈자위 근육을 북돋운다
딸깍딸깍 틱틱,
인식이 완료

내가 갇혀 있다
나는 방문한 내가 아니다

수은빛 수막

비 온 뒤 웅덩이는 중력이 강한 물의 지평선 같다

빌딩도 담고 십자가도 담고 나무도 담는다
움푹 파여 괴인 자리로
발자국 지나칠 때마다 빛이 산란한다

알면서도 가끔 발을 삐끗했던
그러므로 돌아다보았던
수없이 지나치며 비켜 가야 했던

실루엣이 흡수되어버린, 그 안을 한참 들여다본다

문득 일렁이며 뭔가 달리 보이기 시작한다
파문의 중심에는 시간이 느리게 흐르고
외곽은 겹겹이 번져나간다

웅덩이 안에서
부딪고 멍들었던 복사뼈가 순간적으로 튀어나오고
굽었던 아버지의 등이 볼록 솟고

가깝던 친구가 나를 밟고 올라선 정수리가 뜬다

왼발이 슬쩍 오른발을 밀어내고
과거의 내가 슬쩍 내 몸을 끌어당기고 있다

벚나무잎이 이론적 계산으로
공중의 시차를 두고 툭 떨어져 안착한다
현실의 질량을 나타내려는 듯
다 비워서 더 이상 가벼워질 그 무엇이 없다는 듯
유영을 끝낸다

바람이 흔들 때 파르르 떨지만 금방 젖지 않는다
과거는 기억할 때 파르르 파장이 일지만
금방 현재를 간섭하지 않는다

어머니 십자가 목걸이가 반짝이듯
수면의 십자가 십자가 십자가, 번득인다
아직도 미완의 공간에서 죄를 죄는지
내 눈빛도 나사처럼 자꾸 겉돈다

구름 사이 땡볕이 쏟아진다
이는 물결이 차원을 접고 있다
증발하는 세계

웅덩이 속 너머에서 누가 웅크리고 있는지
심장이 뛴다 손 하나가

수은빛 수막水幕에서 쏙 올라오고 있다

새바위에 쓴 필체

수련원 간판을 내건 새바위
초서체가 현판 글씨로 쓰인 것 같았을까

필체 위에 파도가 겹겹이 휘어 돌 때
버스 한 대가 갈매기 떼를 풀어놓는다

계절과 계절 사이를 건너다 마주한 피랑에서
부딪쳐 날갯죽지가 젖거나 부러졌어도
길 없는 길을 가다가 발 삐끗했어도

날지 못하는 그들을 위해
앞만 보고 달려온 낮달을 위해
일상에 지친 모두를 위해

노을과 노을 사이에 동살이 다녀가고
수련원이 발긋하게 안식을 피워 올릴 때
새바위에 쓴 필체를 흘리며

갈매기들 새바위에서 물멍에 빠진다

금원과 나

지나간 일도 스쳐 지나가면 눈 깜짝할 사이의 꿈에 불과하다*

그 꿈에 다녀와야겠다고, 도서관에서 책을 대여한다
아니, 몰락한 양반 딸의 눈을 빌린다

열네 살 소녀가 노안인 나에게 보여주는 것
보았지만 보지 않은 것이었고 느꼈지만 감촉할 수 없는
의림지 단양팔경 금강산 관동 8경 한양

머리를 동자처럼 땋은 내가
남자 옷을 입고 길 떠나는 금원 옆에 있다

먹을 갈아 시를 지을 땐 노트북 펴고
감회를 서술할 땐 돋보기안경을 올려 쓴다

어린 나이에 세상을 두루 둘러볼 결심이
늦은 나이에 이르러 그 결심을
21세기에 대보는 상상

양반의 첩이 될 수밖에 없는 처지가
시집 몇 권 내면서 그렇고 그런 시인 따위와
무엇이 다른가

평양을 거쳐 의주까지 가는 여행에서
나는 그만 놓치고 만다 북녘이라서가 아니라

내게 돌아갈 집은
단 한 번이 될지도 모를 자유가 아니기 때문
자유는 구속이 할 수 있는 최선의 배려,
그녀에게는 오롯한 속박이었다

책을 넘겨보고 있다
아니, 넘겨지는 책이 나를 읽고 있다

읊은 시들도 흩어져 잃어버릴까, 역시 간략하게 기록한다*
내가 간략하게 금원을 전하고 있다

* 조선시대 문인 김금원이 남긴 기행문인 「호동서락기湖東西洛記」 중.

구름이 먹이 될 때까지

천변에서 빈 캔버스 펴놓고 앉아 있다
구름 한 점에 나를 묶어두고 빗방울 될 때까지 바라본다

내 안이 응결되어 수많은 내가 생성되고
슬픔과 기쁨 따위가 서로 충돌하면서
무거워지면 구도는 완성된다

바위에 앉은 중대백로가 내 눈빛 같아 정적을 준비한다
먹물처럼 소용돌이치는 눈동자,
강이 흡수되고 물결의 질감을 섞는다

스케치란 나의 작위를 간략하게 내보이는 것
꽃송이 틔우기 위해

발·아·점을 찍는다

점에서 먹물 스며 나와 사운 대는 꽃망울로 뭉쳐진다
잎잎이 펼쳐지고 접히면서 겹겹이 되는 동안
물고기 한 마리 튀어 올라 강심을 드로잉한다

어느새 곁가지 두 개가 뻗어 나가고 있다
하나는 어두운색의 밑동으로
다른 하나는 위로 뾰족한 끝을 구도에 앉힌다

연분홍 향기가 가늘게 떨리며 꽃술을 흔든다
그 꽃술 툭 떨어져 물수제비처럼 통통 통
물 위를 구르듯 나아갈 때
얼핏 내가 흔들려 물방울이 깨지고 있다

잡념이 어른거리면 선들은 그 자리에서 멈춘다
구름의 습도에 나의 조건을 내건다

다시 흰 선이 조금 굵게 움직이고 있다
물 위에 짙은 나를 펼쳐놓고 강 속에서
그림 한 장 쥐고 온 기분
젖었지만 젖지 않은 매화의 동공

먹구름은 나를 입고 출렁거리다 잔잔해진다

3부

내 안의 얼굴 보려고

전신거울을 앞에 세워두고 이젤이 나와 마주해 있다
몇 장의 종이 뭉치가 구겨져 바닥에 나뒹군다
살면서 무수하게 변한 표정들의 입체
자세 고정하고 시선을 유지한다

백지 위에서 나도 모르는 4B연필이 떠 있다
위로 아래로 좌로 우로 나를 분할 중이다

드디어 위에 두 점과 아래 한 점이 찍힌다
꼭짓점 하나에서 실선이 흘러나와
작은 구멍 속 요철들이 엇나가며 곡선을 이어간다

나는 확대된 종이의 면이 멜론 껍질 같다고 생각한다

쉿, 기울어진 고개를 바로잡으라는 거울
경직은 유지된다

아무리 기다려도 눈 코 입이 그려지지 않는다
저쪽과 이쪽의 소실점만 돌출되었다가 함몰될 뿐

나를 발견할 수 없다

실선이 수없이 교차하면서 기하학적 명암이 형성되는
한 시간, 좌우대칭이 겨우 균형을 맞춘다
윗면에서 아래로 내려가는 폭이 원근을 머금는다

계란형의 형태가 드러나자 선들은 저들끼리 교차하다가
점차 배경이 되어간다 중간 지점 코에서
눈과 입술이 분화되고 오목한 인중이 완성된다

이젤은 어떤 원리로 나를 드러내려는 것인지
한시도 눈을 뗄 수 없다
종이에 그려진 인물이 과연 나라고 할 수 있을까
의심하는 순간,

거울 속에 있는 내가 뒤돌아 앉는다

상동 관계

깜깜한 밤, 잠자던 여자가 손을 뻗어 올린다
허공을 부여잡으려는 듯
부르르 떨기도 하면서

시계 초침이 삐져나와 여기저기 서걱거려
여자와 잠은 더 이상 악수할 수 없는 사이가 되었다
꿈이 한 손을 마주 내어 잡으려 해도
드르륵 쿵 끽끽

층간은 잠과 잠 사이의 효율이라지만 이건 좀 거칠다
여자의 부릅뜬 눈에는 거스러미 같은 핏발이 곤두서 있다
갈고리 손톱이라도 있는 양 세워보는 시늉
잠자리에서 일어나 거실까지
미풍이 폭풍을 데려오는 것처럼 걸어 나간다

분노는 나비 날개 같은 상동 관계,
한쪽이 성을 내면 다른 한쪽은 치를 떤다

밤 열한 시인데 지랄이야

속엣말이 입술에서 새어 나와 저음을 예리하게 벤다
외투가 손가락에 걸려 있다 위층으로 올라갈 작정이다

슬리퍼에 어떤 신호가 떨어지고
계단이 심하게 달막거린다

적개심과 무심이 초인종에 마주할 때
심폐소생술이 필요할까
한 몸처럼 들썩이는 멱살이 필요할까

벨을 두 번 누르고 문을 한 번 발로 차고
팔짱 낀 두 손에 단도라도 숨긴 것처럼
품을 벼릴 때

발소리 들린다 문이 열린다 앞엔 아무도 없다

아래엔 아 그 아래에는,
눈망울 큰 아이

왜요?
안에 누구 계시니 나오라 해!

아무도 없다 맞벌이 부부는 지금 귀가 중
화상 입은 듯 쥐었던 손을
얼른 푼다

그 아이 이름이 상동이라 한다

틈

프린트가 멈췄다
기대했지만 롤러에 의해 저편이 포기된 것
나의 결핍인가 당신의 과잉인가
얇디얇은 틈은 단절이다

롤러 사이 그러니까 결정적인 지점을 톺아본다
행방이 묘연하던 3쪽이 삐져나와 있다
건너오던 문장에서 턱, 걸려버린 맥락
엎어놓고 제쳐놓고 툭툭 쳐보지만
도무지 이 오류는 누구의 탓인지 알 수 없다

한때 백여 페이지가 당신과 나의 출력물이었다
데이터는 백지에 입혀지는 살가운 프린팅
당신과 나의 약속
색채와 흑백의 결합 그 조화로움

귀퉁이에 딱 손톱만큼 단서를 남겼다
틈과 틈 사이에서 잔뜩 우그러진 3의 실체
분해하지 않고 저 용지를 빼내려면

더 많은 용지를 소모하지 않으려면

균형이 필요하다

힘을 빼되 힘 있게 잡아당겨야 하는 모순을
수학적으로 맞춰야 한다
양 귀퉁이 모두가 마음의 접촉면이므로

위 귀퉁이와 아래 귀퉁이를 슬며시 잡아본다
감각이 아닌 육감의 촉,
롤러 사이에서 조금씩 천천히

단숨에 뛰어 내려왔던 계단 같은
단 한 번 입고 나온 플리츠스커트 같은
과거를 음악으로 재생하는 아코디언 같은

여백이 검은 얼룩이 되어 빠져나왔다
엉긴다는 것과 엉킨다는 사이에 갇힌 우리
해결이 되었다고 서로 믿을 땐

뽑았던 코드를 다시 꽂아야 한다

초록빛을 켰다 롤러는 익숙하게
틈 사이에서 출력을 시작한다
그것은 일종의 텔레파시

내 속내를 입력하면 두근거리는 커서,
붉은 줄이 교정된 후에야
뽑히고 있다
통하고 있다

충분히 가까이 있다

몇십 년 만의 최고치 눈이 첫겨울에 들이친다
눈송이가 주렴처럼 이어져 내리는
운현궁 사각문이
이쪽과 저쪽으로 나뉘고 있다

벚꽃이 눈발처럼 해끗대는 오백여 년 전 봄날
모서리와 모서리가 계단식 층을 일렁이게 한다

흐릿한 눈을 비빈다
사각사각 사각 소리가 바닥에서 올라오고 있다
눈발은 점점 굵어져 마루와 기둥을 보좌하는
벽들 사이에서 흩날린다
사선 너머 흥얼거리는 시조인가 아니 시절가조인가
열린 문에서 문턱을 넘어선다

내가 서 있는 사각은 중력이 순간적으로 이동되는 입구
입자들이 전송되고 재구성되는 양자역학의 구현

문밖으로 손을 내밀어본다

방금 눈송이였는데 손바닥에는 연분홍 꽃잎이다
시각의 불협화음, 시간의 고집처럼
통에 담아놓은 장죽들이 속속 들려 나가고 있다
저들은 누구인가 의도치 않은 우연이 나풀나풀 스쳐간다
담뱃불처럼 반짝이는 것들, 착시라 해도
오지직거린다

고드름이 떨어지는 순간
곳곳의 꽃망울이 터진다
눈보라에 문틀이 삐걱대는 순간
행랑채에서 아낙의 치맛자락이 스친다

이 찰나의 사이는 충분히 가까이 있다

나는 본다, 봄 그 자체라서
봄은 움직임으로 온다
이쪽으로 다가온다

후천성 슬픔

한겨울 눈은 가로등 불빛 속에서만 날린다 둥글고 환한 그 영역 입자들 혈통이 저기압의 핏줄을 잇고 있다

우두커니 서 있을 때 목격되는 나, 멀리서 보면 가로등이 품은 공간은 밤의 홍채다

눈을 감았다 뜨면 소원이 이뤄진다고 믿었던 때가 있었다 촛불 앞에서 따뜻한 손바닥이 가린 곳에서 스르르 녹아내렸던 날들

밤이 가로등을 통해 광경을 인식한다면 바닥에 닿기 직전까지의 눈들은 기일에 가닿은 것인지

물끄러미 바라보게 되는데 공원길 듬성듬성 서 있는 가로등 불빛 속 둥근 여운마다 각기 다른 장면이 있다

검은 머리를 덮어가는 흰 실루엣은 엄마의 근심, 내가 뛰어 들어왔다 밖으로 사라지는 사이 눈사람이 눈썹을 얻는다

눈멀어 다가가 만져야 하는 사람 녹아내리는 기억은 더 이상 뭉쳐지지 않는다

엄마는 눈이 내리는 나이에서 사탕을 꺼내야 했다 하늘이 회백색으로 흐려져 애야, 초봄이 둘, 셋으로 겹쳐 보이잖니 잠깐씩 어리다 사라지는 그림자가 네 동생인 것 같구나

펑펑 쏟아져 내리는 눈 밤은 봐야 할 것만 보는 건지 내게 잠깐씩 머물다가는 시간을 내어준다

밤새도록 부릅뜨듯 초점을 조였다 풀었다 나를 들여다보고 있다

세 갈래의 강, 그 빛의 전술

의령 출렁다리에도 홍의紅衣가 있다
신출귀몰한 빛의 전술로 한밤을 구축 중이다

다리 위에서 세 갈래 강을 내려다본다
역사는 강물과 같아 난이 끝나도
저 스스로 달리고 달려 후세에 찾아온다
봉화로 피어오르는 민심이
구룡의 자취이듯

다리의 와이어들이
뱃대끈처럼 공중을 졸라매고 있다
그 아래 강물의 갈기가 비단실처럼 곱다
그러다 횃불 품은 물결이
서동리 굽이를 채면서 내달린다

흔들리는 다리 가운데 이르면
저쪽과 이쪽에서 포성이 울리는 듯하다
이때는 구름도 아득하게 먼
비를 거느리고 합류할 것이다

밤은 어둠 속 횃불이 있어 어두워질 줄 안다
더 붉고 더 푸른 기록의 만듦새
별빛도 다리 위에 잠깐씩 출렁이다 간다

뾰족한 첨탑에서 흘러내린 날줄이 팽팽하다
외부의 결을 잇다가
내게 현기증을 치하한다

홍의를 입은 다리에 기꺼이 가담한다
물은 흘러가도 조국은 제자리에 있다

불씨 아리랑

한밤 천변에 앉아 있는데
물속 거꾸로 선 나무들이 흔들린다
길게 일렁이다 잘게 부서지는 물 주름이
밤의 바이브레이션 같다
그 음이 내게 번져올 때
백로 한 마리가 수면 위로 솟아오른다
흰 불티처럼, 나를 데려가는 그곳

아궁이 불은 벌겋게 검댕을 툭툭 뽑아 올리고 있다
허름한 조끼 껴입은 배가 만삭이다
장작 깔고 앉아 무릎에 턱을 괴고 있다
정선 어느 골짜기 훑던 바람이 굴뚝 타고 들어와
매캐한 연기를 밀어낸다
그녀는 미동도 없이 불꽃을 가랑이로 다 받아낸다
튀는 것들쯤이야 이미 오래전부터 들여온 일
화가 들어와 삭혔고 불운이 닥쳐도 버텼다
잦아졌다 다시 솟는 잉걸불이 한 소절 아리랑이다
생솔가지 한 아름 쑤셔 넣은 그녀의 얼굴 위로
허연 연기가 구슬피 넘어간다 송진 냄새,

후렴처럼 뒤따를 때 눈물
눈물, 절절하게 적셔온다 그러나 이내
손바닥으로 훔치는 그녀

그을린 부지깽이처럼 가로등에도 불이 붙었다
불의 장단이었다 거세게 타올랐다
괄게 살아라, 이 말이 왜 나를 지피나
세상은 추억을 때기 위해 만든 아궁이다
한 톨 불씨처럼,
나는 그곳에서 왔다

탁구공의 진술

벼랑 앞에 서 있다
여명이 그물을 드리운 채 수평선을 덮쳐온다
저쪽이 이쪽으로 넘어올 때 해일처럼 달려온 바람
파도를 수없이 물거품으로 감아올린다

나는 왜 이 바다를 백지로 보고 점을 찍으려 하는가

몸이 문장 으깨낸다면 세상이 나를 읊어줄까
혼잣말이 되어 환청으로 돌아오는 질문
한 발을 앞으로 뗀다

위에서 내려다보는 각도 찌르르 전율이 소름을 불러낸다
공포는 탁구공의 자국처럼 속도로 증식하고 있다
내 안에서 의지를 낱낱이 찢어
그 틈에 들어선다

투신이란 그물에 걸려 아슬아슬하게 받아내지 못한 탁구공
게임을 끊어내기 위한 마지막 선택인가

웃었다, 울다가 웃는다 그리고 또 운다
애초에 승부는 정해져 있고
그토록 쏠리는 중력은 슬프다
남아 있는 눈동자들 나의 분노를 애써 피하며
핏빛 일출을 기다릴 것이다

이 모든 걸 지켜본 새벽의 먼동이 이마를 밀 때
갈매기들이 절벽에서 솟아오른다

일그러진 입술에 드리운 머리칼을
옆으로 쓸어 넘겨주는 바람

아직은 때가 아니라고
혈서는 바쳐지지 않는다고 나를 밀어내고 있다
중심이 뒤로 기울며 돌부리를 허물고 있다

소녀가 봄에게

함께 벌었습니다

 목련과 수선화가 피어나는 봄날, 햇살이 허공 휘돌며 재촉하고 있습니다. 목련은 아직 덜 피었고 수선화는 봉오리만 삐죽 나와 있습니다. 이 장면을 연애라 하면 안 될까요? 개화를 감각이라 불러주세요! 햇볕이 우리가 있는 곳으로 찾아왔으므로, 그늘은 아래위를 누일 수 있는 바닥입니다. 노랑은 하양을 우러르죠. 봄 끝까지 가보는 겁니다. 나비가 있다면 높이를 조율하겠지요. 빛과 그늘 그 사이를 너울거리며 우린 안팎, 그러니까 내려앉은 그곳

 위로 솟은 줄기 끝 노란 꽃 속에는 진액이 있어요. 촉촉하면서 부드러운 기다림, 언제까지 이어질까요? 아, 그늘 속으로 꽃잎이 밀려옵니다. 갈변이 되기 전 핥습니다. 서로 끈적이다가 바람을 데려옵니다. 왈츠는 이런 것입니다. 꽃술이 구름을 향해 흔들리는 것, 꽃비는 바닥에서 서로가 엉겨붙어 뒹굴어요. 그 위에 떨어진 물방울이 속삭였어요. 기다림이란 때가 설렘을 만나는 것

극과 극의 사이에서 사랑은 공중의 확률일까요? 서로 맞닿을 그 수치가 살아나 꽃잎과 꽃술이 함께 겹칩니다. 가늘게 낙하하는 는개를 우린 새벽의 피륙이라고 불러요. 이렇게 지켜본 봄은 입장이 있나요. 목련은 처음부터 목련이었고 수선화는 처음부터 수선화였지만 목련과 수선화가 위아래 입술이 된다는 것, 달콤하죠

 내게도 사랑하는 사람이 생겼습니다.

푼크툼*은 계속된다

서울신문과 동아일보 건물 사이에서
키오스크 앞에 서 있다

푼크툼, 롤랑 바르트 방식으로 검지를 찌른다
현재가 동그라미로 귀결되어 그 안에 구름이 채워온다
원은 반짝이고 점점 출렁거리다 길을 잃는다

때마침 다가온 연두 조끼는
실례지만 프레스클럽을 가리키는 데 사용된다
거기가 어디입니까? 조끼는 배치에 준하고
지리에 어둡다, 다만 뇌를 대신할 스마트폰이 있다
검색 또 검색, 아 바로 앞 건물입니다
안내는 친절하고 뒤돌아서면 모를 사람

나는 왜 여기로 가야 하는가
몇 권의 시집이 모여 자장을 이루고 많은 섬광이
빨려 들어가고 있다
시인이네 시인이야,
라고 불려야 동지적 전류가 흐르는 사람들

모든 음절이 조합된 플래카드와
모든 음절이 찔러낸 수상자와
모든 음절로 마무리되는 뷔페

서로 좁혀지는 의자, 마이크가 에코에서 건배사 꺼낼 때
너도나도 분위기에 소속된다
와인 한 잔이 비워지고 난 뒤
유리잔에 비친 건너편 20층에서 반사된
형이상학적 빛 일종의 취기다

질문하면 대답하고 대답한 뒤 질문해야 하는
돈독은 회전문과 같아 때가 되면 이름도 잊는다
부끄럽지 않다
그도 나를 떳떳하게 잊힐 권리가 있다

몇몇은 무대에서 사진을 찍고
몇몇은 고개 맞대고 소감을 모의하고
또 몇몇은 뒷문으로 사라진다

자리에서 벗어나 길을 걷고 있는데
어안렌즈 같은 달이 따라붙고 있다

* 라틴어로 '찌름'이라는 뜻.

눈썹 끝의 바다 백 밤

입으로 들이마신 숨을 코로 뱉어낸다
숨이 간절해지는 물속 같은 밤

지느러미로 스치는 홑이불,
엄마의 손이 볼을 비비며 지난다

백 밤만 자고 올게

간질이는 잠결
귓속을 휘도는 소리

백 밤이다, 아흔을 세고 불안이 열 밤을 까먹고 있을 때
가장 깊은 곳의 하룻밤이 숨을 몰아쉰다

다섯 살이 웅크려 양 무릎을 끌어안는 습관
그리고 들숨

낮은 서늘한 그늘뿐이다
아주 얕은 숨을 들이쉴 때 왜 그림자는 햇볕 위에 설 수

없나
　엄마는 도망간 게 아니다 와서 소문을 쫓아낼 거다

흙장난도 지치고 아빠는 술병을 깨 담 블록 위에 꽂으면
나는 마지막 한 밤을 계획한다
짝수에 찔릴까 봐 와장창을 딛고
밥상을 바로 앉혀놓는 날
유난히 쾌활해진 내가 웃다가 울어도 아무도 몰랐다

내가 양수羊水 속에서 수없이 세었던 숫자
일삼오칠구 엄마가 외던 홀수
방문이 닫혔을 때
그 막막한 모서리의 겹침
꿈속의 꿈도 어쩌지 못해 안갯속으로 사라져간

서른이 훌쩍 넘어도
숫자는 백 밤을 넘지 못한다

남겨둔 한 밤이 바닷가 집을 가둔다

감옥의 바다가 너무 가까이 있다

엄마가 등 푸른 소식이라면
허허로운 남태평양에서 바람이 이는 제주를 지나
모래톱 스러져가는 동해에 이르러
아흔아홉 밤을 왈칵 끌어안았을까

코로 뱉어낸 숨,
들숨에 딸려 밀려드는 남은 한 밤
깨워도 깨워도 자고 있다

물의 형량

저수지 위로는 축사와 공장이 있다
저물녘 노을이 정처를 방류하고 배웅하느라 더 붉다

사이사이 뒷배경은 물의 감옥 겹치고 겹친
물결 아래 숨겨진 PPM
거품을 흘려도 파악하는 이는 없다

오로지 가장 낮은 자세로 바닥을 씻기고
정화하는 물의 형량만 있을 뿐이다
수위를 가늠하는 중력은
결정과 정상 참작 사이의 좌표인가
사방에서 스멀스멀 몰려드는 매캐한 냄새
곡선으로 접해오는 개울들로
구형은 점점 늘어날 수밖에

물은 불순을 자각하는 데 자신이 투옥된다
주위를 둘러싼 버드나무들
간수처럼 안개에 삼엄하다
응어리를 정리하고 다시 새출발하려는 듯

가장자리부터 검푸른 무늬 거둬들이고 있다
넓고 깊은 수심, 얼마나 의지를 다져야 했을까
침전과 여과의 나날들

출소는 모래와 자갈의 승인이 있어야 가능하다
구름에서 한 뼘 빛이 열리는 그때
수문은 넘쳐흐르기 시작한다

두부처럼 구름을 베어 문 오후,
확 눈에 들어오는 낮달이 더욱더 반짝인다

처음 물이 되었던 그날처럼
실뿌리에 이끌렸던 양분처럼
작열하는 표면의 기화처럼

다시 태어나는 순환
어디선가 비의 냄새가 만기된 바람을 어르고 있다

두통의 바깥

내게서 이마가 뜨겁다는 진단을 받는다

머리와 발끝 구부려 원을 품어 안아도
두통은 사라지지 않는다

나는 내 머릿속에 파란 불꽃이
기화하고 있다고 상상한다 정신이라는 우주에서
가시적으로 드러나는 성운처럼

병원에서 감마선이 몇 차례 훑고 나서
그 편광이 처방을 간섭한다
딱히 이상징후는 없습니다,
희석되는 의사의 말

집에 돌아와 누웠는데도 이마 속은
끓는 점에서 맵자하고 저릿하다
알약 두 개가 삼켜지는 동안
약효는 계산의 계산을 거듭한다
몸은 침투에 무력하다 그러나 정복하기에는

너무 격한 몸

콧마루를 따라 땀방울이 파르르 떤다
눈앞에 어른거리는 형체가 합체되어 어둠을 들인다
눈 감으면 되풀이되는 랑데부와 도킹들
나는 탑승인가 탈출인가
몸은 굴절된 항로에서 편두통으로 들어선다
고비사막 넘듯 입이 바싹 말라 있다

쉰은, 쉰밥을 물에 씻어 먹던 그들의 것일 텐데
나의 쉰은 그것조차 허락하지 않는가

눈을 감았다 뜬 자리가 밋밋하게 출렁거린다
그 위에 내가 겹낫표 속에 낫표로 들어 있다

백방에서 차도를 나타낼 때
나는 삭제되거나 유사한 형태로 찡그려진다
이제 두통은 0과 1이 의미 없이 반복되는
신호만 송신되고 있다

침전을 관조하다

카리브해 가르디 수그두브 섬의 사각형 속 사각형들
드론이 찍은 총천연색 지붕들 사진이
토픽으로 쏟아져 인터넷상에서 넘치고 있다

이곳 집들은 온난화로 해수면이 상승해
아랫목을 바다에 내줬다는데

범람이라는 건 흘러넘치는 것이 아니라
자리가 있어 그곳에 드는 것은 아닐까

달은 여전히 원시적 플롯대로 지구를 붙들고
지구는 그런 달에 만조를 내어줄 뿐인데

단지 사람의 일들로 인한 지구의 부침浮沈이라니

어쩌면 남녀의 사랑도 도파민의 범람으로
넘치는 관계일지 모른다 얼마간 부유하다가
침전되는 메커니즘

바다는 서서히 뭍을 흡수하려 하고
문명은 자꾸만 지난 일을 감추려고만 한다

해마다 사라지는 섬들,
안은 밖의 범람으로 용해되지 못한 형용사다
한쪽이 다른 한쪽을 부유스름히 띄운 바다다

바닷가로 거침없이 들이치는 파도는
해저가 융기하고 대륙이 가라앉아도
그 모든 사건을 훑어가면서
이곳에 도착했으리라

사람이 먼먼 과거로 돌아가
바닷속 단백질 덩어리가 되었을 때
그 한순간 물의 무게가 지상을 덮어쓰고 있다

오늘 밤
드론처럼 달이 떠 있다

나한이 된 바위

지리산 산행을 하다 잘못 든 갈림길,
어느 바위 앞에 서 있다
길이야 돌아서 가면 되고
배낭의 물병으로 목을 축이면 되는 거여서
이마에 땀을 닦고 있는데

무언가 나를 간섭하는 햇빛
희미한 무늬가 바위 표면을 스친다

오! 놀라워라 표정이라도 있는 듯
도드라진 면들이 이동하고 있다

두건을 두른 나한일까
선정에 든 바위
바닥의 자갈들이 끓어오르다 잠잠해졌다가
하나둘씩 공중으로 떠올라 바위에 들러붙는다

구백 년을 수행한 마모가 제 모습으로 돌아오고 있다
얼굴 반쪽이 드러나고

돌이 돌을 껴입은 미소가 잡혀간다

가장 메마른 바위일수록 그 안에는 습기가 차 있는 법
모든 표정을 내려놓아야 그 안이 얼굴을 갖는다

수국의 헛꽃 같은 혼미함,
잘못 본 것인가 싶어 두어 걸음 뒤에서 다시 살피는데

틈과 틈 사이 한 겹씩 껴입은 수양,
바위는 시간을 쪼갤 수 있으므로
나를 부피 속으로 이동시킨다

불현듯 나한이 총천연색으로 다가와
나도 모르게 합장한다

물병 꺼내 물을 다 마셨을 때
바위의 부조가 서서히 구름 안에 든다

4부

뼁대*가 운다

절벽의 울음으로 피어나는 동강할미꽃
몇천 년 동안 하염없이 갇혀 있는 짐승입니다
가슴속 결에 응어리를 낸 이끼의 목청으로
적막이 대신 울어주는 음색입니다

고여 있는 시간은 화석이 되어버린 슬픔, 하늘벽 구름 다리 난간을 흔들며 집중합니다, 흩날리다 일순간 굳어버린 공중은, 어느 바위틈에서 숨죽인 뿌리를 훔치곤 하는데, 동강이 굽이쳐 휘돌다 잠잠해질 때, 물에 비친 그림자는, 수 세기 동안 떠돌다 스민 호흡입니다

바위 속에서 메아리가 흘러나오는 첩첩산골, 봄꽃이 새겨 넣은 층리層理는, 울음이 거쳐 간 질감입니다, 짐승 한 마리 뱉어놓고 다시 물어 삼키지 못하는 봄, 아련하여서 한쪽이 짓무르도록 울고 있습니다

뼁대는, 제 모서리를 버리는 대신
어둠과 어둠 사이를 밖으로 밀어냅니다
몇만 년 동안 그 소리가

주르르 보랏빛 꽃잎을 쏟아놓습니다

* 강원도 사투리, 바위로 이루어진 절벽을 의미.

혈통

공원 산책길 오며 가며 보았던 나무가 있다
벼락이라도 맞았는지 반쪽이 쪼개져
죽은 듯했으나
봄이 되자 나머지 반쪽이 생동한다

풍 맞은 한쪽 다리도 반대쪽 다리가 끌어주면
되살기도 한다던데

사월, 반쪽의 나무가 벚나무인 걸 알았다
반을 위해 꽃잎 틔우는 뿌리,
어떤 계통이 작용한 것인지

둘러보니 주위가 다 벚나무 군락지였다

죽어가는 나무에 혈통은 무시할 수 없는 생명력일까
뿌리가 퍼진 땅속 이쪽 실뿌리와 저쪽 실뿌리가 닿아
가계家系가 연결되었으리라
수백만 년의 사계가 눈이 트는 것이 발아이리라

어쩌다 반신불수가 된 사람이, 매일
반쪽을 데리고 산책하여 온전하게 되었다는 이야기

어쩌면 되살아난 저 벚꽃들도
근처 나무에서 보내온 기별일지도 모른다

소식이 신경처럼 정보를 서로 전달하는 것이라면
벚꽃의 만개는 봄의 온 신경이 곤두선 것

자세히 보니 어긋나게 돋아난 꽃잎이
분홍빛에서 점점 백색으로 부풀고 있다
바람이 드나들며 이곳저곳 날리는 꽃잎을 뒤섞는다

하나의 산은 수많은 뿌리가 얽혀 만든
자연의 신체다

뜻밖의 부작용

여자는 집안일해야 하고
남자는 가장이니 집의 기둥이다
늘 입에 붙은 그의 말

화가 있었던 자리에는 항상 깨진 그릇이 있다
그는 자신을 다스리지 못해
분노가 치밀 때마다 말을 더듬는다

자식이 말려도 어머니가 와서 성질 좀 죽여라 해도
이러면 집안의 뿌리가 흔들린다고
바로잡을 때 확 휘어잡아야 한다고
고래고래 소리치던 그

나이란 화가 나서 살아온 햇수를 먹어야 하는 것
억지로라도 반백은 들어야 한다
그래서일까 흰머리 검은 머리 반반인 날들

그 성격이 제 머리를 쥐어뜯는지
어느 날부터 머리카락이 빠지기 시작했다는 그

탈모약 처방을 받고 몇 달 지나
그 집에 마실가보니
이럴 수가,
그가 커피잔을 차반에 받쳐 온다

제 안에 드물게 남은 상냥스러운 말씨의
기대수명이 싹싹하게 헤아려져 있다
이제는 남편 약을 꼬박꼬박 챙겨주는 그녀
마비된 야수 뒤에 자주 친구가 겹친다고

유전은 실존이지만
부작용은 골든타임에 사람을 만든다
이젠 그가 저하되고
가족이 촉진된다

대화 도중 켜놓은 TV를 훑깃 보는 그
눈물이 맺혀 있다

그림자를 읽다가, 문득

편견을 가진 눈들과 편견 없이 보자는 눈들은
지성의 뒷면에 드리워진 그늘일 뿐이다

태양 깨고 나온 기원이 그림자를 공개했다던데

다 벗은 그림자는 신이야, 죽지 않는 그림자들
몸을 머물지 못해 기어이 지나가게 되는
기이한 비가시성

그림자를 낱낱이 읽어도 모르는
불투명의 세계

그늘로 그림자들이 출입을 반복하며
전지적 시점이 되어가는 건
중첩이면서 소멸

전쟁은 어둠을 공유하다 어둠으로 들어가는
무력의 자취다

열지 말라는 그림자를 열어본 죄
피사체를 사용한 힘은 정지에 처하게 된다

그림자는 극사실주의의 경계다
드나들 때마다 짐승이 사람이 되고
이름이 상징으로 떠돈다

신이 그림자를 벗을 상황이 올까 봐
세상은 어둠을 가뒀다

누군가 윤곽을 지우고
섬세하게 음영으로 들어앉고 있다

밤은 눈구멍의 태동

망태버섯, 뉴런들

카메라를 메고 산행하다 상수리나무 아래
노란 포장 망으로 기둥을 감싼
망태버섯을 보았다

얼기설기 얽힌 그 모양이 하도 신기해
몸 낮춰 렌즈를 대어보는데
한 올 한 올이 마치 신경 가닥 같았다

망태버섯은 하루 사이에 솟았다가 수그러든다던데
저 말초가 신경이라면 어떤 몰입 중인지
셔터를 누르는 동안

사람이 자신의 일생을 뇌 신경망에 새기다 죽는 것처럼
저 버섯은 하루 동안의 우주를 인지하는 건 아니었을까

바람이 나뭇잎을 뒤집는 거대한 운용
민달팽이가 갉아오는 기기긱 소리
초파리들이 내미는 촉수의 진동

태양이 접안처럼 배율 조절하며 들여다봤을 것이다

가까이 코를 대고 벌름거리며 냄새를 맡았다
포자에 유인되는 것처럼

풍장이 비바람에 몸의 체취를 내어주는 거라면
망태버섯은 단 하루에 자신의 세계를 내어주는 것이리라

셔터 한 번 누르고 액정을 보고
액정 화면 몇 번 넘기다 다시 셔터를 눌렀다

그 시시각각 무너져가는 망태
나는 그 안에 갇힌 상상을 인화해보았다

내일이면 나무 아래서 모든 흔적을 지울 것이다

집에 돌아와 보니 메모리 카드가 에러 난 하루
아무도 보지 못했지만
그 우주에 내가 있었다

미완성 유서

웰다잉 입관 체험을 하고 돌아온 날
촛불 켜놓고 유서를 쓰기로 한다

백지 한 장과 볼펜 하나
내 머리끝에서 발끝까지 호흡을 훑어내린다
마치 마음과 몸을 스캔하듯

촛불은 자국 없이 둥글어지려 하고
나는 모든 자국을 펜 끝에 고이려 한다

유서는 그렇게 시작된다

맑아야 생겨나는 생각이 있다면
검불 범벅의 실체가 있다
실체는 생각 돕기 위해 자신을 태운다

거불거리는 촛불 속에서
파랗게 스며 나오는 나 아닌 나의 눈빛

철저하게 자신을 타인으로 내몰아야만
볼 수 있는 저편의 세계

문장이 그 사이를 잇고 있다

촛불이 그을음을 내뿜고 있는 건
행복의 심지에는 녹록지 않은 불행이
연결돼 있다는 것

촛농은 논리적으로
녹아 흐르는 고백을 하고 있다

세상에 와 잠깐 살다 꺼질
생의 방출,
한 문장씩 적히고 있다
죽음의 두려움은 단순성을 지나
복잡성에 이르러 몸을 살라 먹으므로

한 손에 턱 괴고 들여다보고 있으면

어떤 창은 푸르고 어떤 창은 붉다
빠져나올 수도 있고
빠져나오지 못해 눈감을 수도 있다

눈 깜박할 사이에 미완성이
육십에 이르렀다

어쩌면 지금의 유서가
내 생애를 써왔는지 모른다고

나는 마침표를 찍지 못한다

그림 뒷면에 고용된 화가

꿈을 꿔도 이렇게 생생한 게 성립할 수 있을까
자고 일어나도 인터넷을 뒤지게 되는

내가 구글 제미나이Gemini 이미지 구현 프로젝트
표본 참여자가 된 것은
순전히 겸재의 그림 덕분이었다
우연찮게 작성한 이메일이 통했던 것

데이터 속 '금강전도',
일만 이천 봉우리에 드론을 띄울 수 있다는 것
그림을 실제 금강산 크기로 시뮬레이션 확대해
그 안을 자유자재로 촬영할 수 있다는 것

화선지 꺼내 이젤에 받친 뒤 붓을 움켜쥔다
오른쪽 눈에 일명 '몽유 모니터'를 연결하고
드론이 보내온 이미지를 그려간다

시작점 필두로 왼쪽을 향하자 가파른 수직에서 바람이 발생한다

뾰족한 봉우리로 수직 상승할 때
숨 고르며 농담을 조절해간다 '그리운 금강산'에서
'동요 금강산'까지 들려주는 구글의 센스,
전폭적으로 몰입에 힘을 싣고
오르내리며 왼쪽에서 안쪽으로 선들을 메워간다

몇 굽이 내려온 계곡 뒤편이 보이지 않는다
드론을 능선 따라 우회시키자
뭉개졌던 평면 뒤의 풍경이 드러난다
오, 깨고 싶지 않은 꿈!
촘촘하게 들어선 소나무와 곳곳에 솟은 바위 사이를
드론이 휘어 감아간다

나는 이젤 앞에서 묘연해지고 무선 전파의 앵글에서 나타난다
유도한 명암을 좀 더 역동적으로 듬뿍 적실 때
숲 아래 암자 지붕에 충돌하고 만다
순간 역회전 모터가 작동되고

그림의 크기가 한반도만큼 확대된다 빈 여백 사이로
유유히 빠져나가는 충돌 방지 시스템이 활성화된다
화폭은 바림 없이 얼추 금강산 모습을 드러낸다

나는 그림에 들어가 그 뒷면을 그리는 화가
마음과 드론의 비례에서 바람을 들이는 환쟁이

금강전도의 모작은 아니다
완성된 그림 앞에서 나는 웃는다
여기까지

구글은 전 세계 유명 그림 속에 미술관을 짓고 있다
꿈이 밀고한 이야기다

총알 하나가 아직도 날아오고 있다

병원 흰 벽에 비스듬히 기대어 앉아
칠십여 년 전 장평리 전투에서
포로가 된 아버지의 하룻밤 탈출기를 듣는다

두 구의 총구가
방 안 다섯 명 포로를 감시하던 겨울밤
별들은 샛길을 터주고 있었을까

조부모 손에서 자란 열여덟 살 삼대독자,
한 아이 아비의 탈출이란
시간과 분과 초 그 실행의 갈등이다

모든 실마리는 요의에서 비롯된다
꾸벅이는 총구를 확인했을 때
오줌으로 문틀을 적시면서 투시되는 생과 사
문고리 부여잡고 파닥이는 가슴
묵시적 문풍지
최소한의 기척으로 빠져나온 몸
댓돌 위에 아무 신발을 주워 들고 뛰기 시작한다

눈보라 뚫고 내달리자

탕! 탕탕
등 뒤에서 뻗어오는 붉은 탄환의 궤적
가눌 수 없는 몸 움찔거리는 등

아버지는 그 총알 하나가 아직도 날아오는 꿈을 꾼다
다시 잠든 눈가에 촉촉이 스미는 필사의 탈출

나도 간이침대에서 본다 뛴다 숨는다
아버지 눈물 속에서
잉태한 나

지금도 그 이야기는 겨울밤에 장전되어 있다

인문학적 방울토마토

작고 둥근 테이블에
담 밑에서 따 온 방울토마토를 올린다

어쩌면 이 몇 알의 존재도
나와의 인과에서 빚어진 사건은 아닐까
허공에서 눈이 마주친 그 순간
데려가 주세요, 찌르르 통하는 간택

도서관 인문학 코너에서 서성인 적 있다
여러 목록과 가나다순으로 배열된 책들,
손끝으로 훑어가다가 빼는 게
빨간 토마토를 선택하는 것과 같은지

필독서란 상큼한 신맛의 세계,
지식에도 당도가 있다

손을 뻗어 하나 집으려는데
아, 추락하는 토마토
테이블이 실재를 밀어내는 순간이다

볕이 안 드는 구석으로 굴러가 있다
몸을 숙여 들여다보는데
이 불편한 자세야말로 난해한 책 속에서
몸을 가누는 것만 같다

간신히 집어 들었을 때 다시 놓치고 마는
확률의 분화,
이것은 실수를 미화하는 수학적 변통인가

다시 의자에서 몸 돌려 아래를 향하려 할 때
툭 보다 쩍 보다 탁 보다 삐거덕,
즙내이 풍기는 수순
얼마나 탁하고 결정적으로 물크러지는 것인지

인문학은 주울 수는 있어도 놓치기 쉽고
그것을 밟아야만 포기할 수 있다

소음을 쓴다

앉아 있는데 길 위에 떠 있다
바닥과 책상의 마찰 드드드드득 박음질 같은,
소음에 볼펜이 종이를 이탈한다

귀를 통과하기 전 귀 틀어막는다
머리에 꽂았던 액세서리가 툭툭 떨어질 때

허공에 흩어진 생각 페느라 눈을 깜빡거린다
실걸이 같은 단어를 통과한 사려思慮가
문장 사이를 훑는다
볼펜 끝이 착륙할 때 행간은 난감한 활주로

이쪽에서 부딪쳐 저쪽에서 되울리는 사이
나는 나를 꼭 조이고 있지만
아래와 위를 싸잡아 조였던 상념이
너트와 볼트처럼 스르르 풀린다

기분의 지퍼가 앞뒤로 열려 비속어들이 쏟아진다

연이 풀어지고 행이 눈에 실을 매달고 날고 있다
헛웃음이 피식 실망을 흘린다

생각의 간극은 빈 여백 그대로다
다만 나도 어서 이 안에서
지워지길 바랄 뿐

굴착기가 아스팔트 뚫어가며 소음을 깨뜨리고 있다

닭치각

가끔 불을 때주어야 시골집은 옛 정취를 적바림한다
청솔가지 긁어와 아궁이에 불을 지필 때
끄느름하다

눈 맵고 연기는 가뭇하여 고개 낮춰
아궁이 바닥에서 꺼져가는 불씨에 입김을 불어넣는다
화르르 타오르는 불꽃, 그 건너편이 보이는데

닭치각, 왜 닭과 콩이 건너다보일까
전통이 환경에 밀접해지면 집안은 어른의 것이다

늦은 밤까지 뼈째 다진 생닭과 물기 꽉 짜낸 두부에
갖은양념 넣어 치대는 일, 아궁이 앞이다
무쇠솥 겅그레 위에서
팽팽하고 볼록하게 쪄내야 마무리된다
서까래 아래 60촉 전구와 아궁이 속 벌건 불빛
잠시라도 한눈팔 수 없는 그 서너 시간

사람들 면면이 불씨에서 되살아나는 그때

이 빈집이 생령에 옮겨붙을 수 있다는 생각

무쇠 솥뚜껑만큼 무거워야 했던 입
아궁이와 굴뚝이라는 일방적인 관계
방고래가 삭여내는 검댕 덩어리 같은 것

대대로 내려오는 터에서
장남은 조선무쌍신식요리제법* 속의 닭치각
전통음식으로 손수 만들고 있다

장작 한 거듬 더 밀어 넣으면서
물려받은 요리법 되살려보는데
어딘가 쪄낸 닭치각 냄새가 폴폴 나는 것 같아

내친김에 가마솥 아래 불 조절한다

* 1924년 한흥서림韓興書林에서 출간된 음식 고전. '닭치각'이 포함되어 있다.

토착

한철 나무 시장에 소나무 한 그루만 남았다
단장 중인 신축 주택으로 향할 트럭 한 대 서 있고

굴삭기는 주위를 파내다 실뿌리를 찍는다
검은 고무 밧줄이 친친 감길 때까지
공중에 들려 흔들리는 몸뚱어리

45도 기울어진 각도에서 가지들이 휘청거린다
속도 방지턱이라도 지나면
솔방울이었을 때를 되살린다
살기 위해서 가지 몇 개를 부러뜨리는 긴 이동 경로

페인트 냄새가 먼저 자리를 튼 마당,
남향의 햇볕이 낱낱이 뿌리를 들춘다

선택의 여지 없이 낙하하는 구덩이에
혼자 덩그러니 지지대로 받쳐 서 있다
한 자리에서 흔들린다
바람이 찢긴 곳곳을 헤집고 지난다

당분간 누구도 입주하지 않은 침엽의 밤

뿌리는 동쪽 향해 촉수를 뻗어간다
틈이, 자기 자신을 사랑하는 일에 생겨났음을
자리 잡는다는 것은 자신을 집착에 내맡겨
흔들리지 않겠다는 것인가

모든 생육이란 무관심에서 자생하는
가능성의 확신일 것
구름과 참새가 툭툭 건드리고 지나가고
맞붙듯이 상처가 아물어가고
솔잎들이 반들거린다

이삿짐이 속속 들려 간 밤
거실을 물끄러미 들여다보는 소나무

우듬지에 달을 조명처럼 매달고 있다
또 한 세대가 이주를 마친

변이의 화목

흑장미는 붉은 장미의 변이종이라던데
나는 왜 마음의 관목灌木으로 받아들이고 싶을까
의심의 여지 없는 분홍이
검정에 이르는 색소의 변심

그러므로 불신은 믿음의 그 의식이
여러 시행착오를 거쳐
문제가 있는 특성이 유지되어야 완성된다

원래는 한 뿌리에 둔 심정이 가지와 가지 사이
떠나는 자와 남아 있는 자가 되어가는 색

감정이 의혹을 입혀오는 속도로
진津의 폭력이 머뭇거릴 틈 없이 메워온다

안으로 기울며 스며드는 생채기는
갈등과 교배를 통해 인위적으로 유도된다
줄기부터 속절없이 밀려 꽃까지 당도하는 정착,
합의가 아니라 흑의 선택이다

억압과 트라우마와 자괴감을 받아주던 장미가
봉오리 끝에서 붉게 타오르는가 하면
다른 줄기에서 협박과 모략으로 검게 피어난다

활활 타오르다 뚝뚝 떨구는 꽃잎이
비난의 결과물이라면
앙상해져가는 꽃대, 모욕의 상징이다

흑장미를 연구소에서 조직 배양으로 만들어내듯
숙려와 이혼은 인간의 법률에서 보급된다

채도가 높은 장미의 섶
유전자에 순응할 수밖에 없는 징조가
일어나고 있다 말과 말의 화원에서

기어이 흑장미는 검음으로써 살아남는다
당신은 붉은 장미인가 흑장미인가

견인

의사가 목뼈 찍은 엑스레이 사진을 보여준다
여기 눌린 걸, 펴야 합니다
물리치료 처방을 받은 날

턱과 정수리가 견인 장치로 서로를 팽팽하게 당긴다
압력이 밀려왔다가 느슨해지기를 반복할 때
누운 침대에서 창문 너머가 보인다

유리에 닿은 벚나무 이파리들도
늦가을에 잡아당겨져
바르르 떨리는 건 아닌지

사선으로 그어 내리는 햇살도
서늘한 바람의 간격을 벌리면서
내려서는 건 아닌지

고달픈 목은 뻐근해오고,
기계는 가련한 나를 늘렸다가 줄였다 반복한다
들숨의 끝에서 날숨이 잡아당겨지고

여기에 오게 된 필연은 제자리로 돌아가기 위해
높이 베어왔던 베개를 문책하고 있는 것만 같다

저 나무의 수액은 수피 속에서
상으로 밀어 올리는 뿌리의 힘과
하로 잡아당기는 중력에 의해
작동하고 있으리라

나 또한 이 모든 괄호 속 한통속이다

갑자기 눈가에서 눈물이 설핏 난다 아파서 아니,
턱과 정수리 사이 인력引力의 접점에
잠들지 못했던 내가 있어서다

저릿한 손끝이 시트를 움켜쥘 때
서서히 이완되는 구름은 서녘으로 호전되고 있다

김장 말이야

올해부터는 배추를 조금만 심기로 했잖아
여자 하나에 남자 셋, 손은 여덟이지만 머리는 하나다
가뭄과 장마와 벌레를 버텨낸 사백 포기
김장하는 날
당연히 알아서 해주겠지 하는 사람은 참여하지 않고
눕힌 포기 밑동 사이로 칼을 쑥 들이밀자
틈이 쩍 해소된다
소금 뿌려 절일 때 슬금슬금 화가 밴다
더딘 일은 더딘 대로 퍼런 이파리를 드러내고
들었다 놨다 우왕좌왕하는 팔들
버무리고 소를 넣고 손짓은 빨라지는데 말이 없다
침묵은 고단으로 수렴되므로
당연히 알아서 해주겠지 하는 사람은 참여하지 않고
꾹꾹 눌러 채우다 보면 치미는 벌건 국물
간이 맞아 그나마 다행
매년 팔월에 왔다가 십일월을 중심으로
배추는 왔다가 간다
포기는 의미 없는 배추며, 또 다른 의미의 포기다
사백 포기, 어디 어디 쟁이다 말고
절반으로 줄엿!

해설

역도逆道, 뒷면을 그리는 화가

김겸
시인, 문학평론가

언어적 팔루스Phallus는 발화의 지점을 향한다. 그것은 의미화 이전의 존재 상태를 가리키며, 이로부터 비롯된 언어의 사슬은 궁극적으로는 포획될 수 없는 분열된 주체를 낳고, 이 틈이 바로 욕망의 발생 근거가 된다. 시인이 도달하려는 욕망의 지점도 이러한 존재 은폐의 상태에서 벗어나 언어가 도달하지 못한 침묵으로 남은 근원적 향유의 불가능성을 향한다. 이는 엄세원 시인의 방식으로 말하자면 "그림과 마주한다는 건 통로 같은 화풍에 든다는 것"(「박수근 미술관」)과 통하며 이렇게 풍경 저 너머로 가면 경포에서도 타임머신을 타고 "남색 두루마기에 흑립 갓을 쓴"(「경포대 타임머신」) 송강을 만나게 되는 것이다.

그리하여 "들여다본다는 건/ 의지가 배율 높여가며 자

신만의 풍경을 찾는 것"(「투과하다」)이라 할 수 있다. 이 풍경의 발견이야말로 선험의 세계인 산수화의 공간에 대비되는 것으로서 근대예술의 본질이며, 우리가 제 예술에 기대하는 바 역시 이 개별화된 풍경 속에서 은폐된 존재의 발화체를 발견하는 데 있다. 그의 시의 언어적 사슬은 바로 이러한 지점을 향한 불가능성의 가능성을 지향한다.

국립박물관, 에트루리아 태곳적 자취를 따라
고대 지중해로 걸어 들어간다

고래 한 마리 빙글빙글 돌면서 나아가다
힘차게 솟구쳐 오르는 그 찰나, 나는
심해에 침몰되었다

어쩌면 고래는 사후세계의 꿈이 아닐까
짙은 하늘에 보름달이 출렁거리고
흰 거품을 일으키며 어느 망자가 밀려온 것

목 없는 채로 몸마저 방황하는 영혼의 조각상 옆에서
밤물결이 안내하는 해저, 노을 잠긴 자리에서
보름달은 미지의 세계
줄을 타는 곡예사의 발끝이 위태롭게 떨린다
그 꿈틀거림이 소리 되어 바다 밑으로 흘러내린다

문명, 한 축이고 시작인 야누스 생사의 궤도
다시 살아남기 위해 제 표정을 얻는다
전쟁과 재해로부터 지금, 이 순간
아직도 발견하지 못한 불길不吉이 있다고

수천 미터 방주 속을 유영하는 고래 한 마리
불쑥 떠오를 때까지, 나는
아직도 해독되지 못한 유적에서 때를 기다린다

내 안 어디선가 높다란 물기둥이 솟아올랐고
태곳적 고래 구름이 뭉글뭉글 피어나고
발끝에서 꼬리지느러미가 자라나기 시작했다
―「에트루리아 고래」 전문

  이 시에서 "에트루리아 태곳적 자취를 따라/ 고대 지중해로 걸어 들어"가는 행위는 언어적 질서가 확립되기 이전, 즉 의미화 이전의 존재 상태로 회귀하려는 화자의 욕망을 드러낸다. 즉 주체가 언어에 의해서 분열되기 이전 근원의 발화 지점을 향해 나아가는 화자는 "심해에 침몰"을 경험한다. 이때 힘차게 솟구쳐 오르는 고래 한 마리는 화자에게 "사후세계의 꿈" 속 어느 망자의 현현顯現과 같이 여겨진다. 화자는 계속해서 목이 없는 영혼의 조각상 옆에서 "밤물결이 안내하는 해저"의 세계로 잠겨든다.

이 미지의 세계를 향한 위태로운 곡예사로 상징되는 화자는 야누스적인 양면성을 지닌 문명의 시간 속에서 전쟁과 재해와 같은 불길을 목도한다. 그러나 진정으로 닿고자 했던 생명의 대타자로 상징되는 "고래 한 마리"는 아직도 "해독되지 못한 유적에서 때를" 기다린다. 이러한 소망은 "내 안 어디선가 높다란 물기둥이 솟아"오르는 장면과 겹치면서 언어와 문명으로 상징되는 상징계의 질서에 순응하지 않고 상징계가 억압하는 실재The Real의 힘을 자신의 몸에 체화하는 과정으로 형상화된다. 문명에 의해서 은폐된 존재의 발화체를 찾는 시적 사유의 과정은 언어의 한계를 뚫고 근원적 실체와 하나가 되려는 주이상스Jouissance와 맞물리며 한 편의 판타지를 기려하게 구성하고 있다.

시인은 평면적인 현실을 뚫고 입체적인 시공간을 펼쳐낸다. 가령 효율성을 극대화하려는 공간적 욕망과 입지와 연관된 경제적 욕망이 결합한 집합적 주거 공간인 아파트에서 시인은 이와 결이 다른 또 다른 삶의 무늬를 읽어낸다. 삶이란 멀리서 보면 희극, 가까이서 보면 비극이라는 말처럼, 아파트라는 이 획일적인 공간 속에서도 각자가 저마다의 방식으로 불을 밝힌 공간은 하나의 줄로 연결되면서 아름다운 무늬를 만들어낸다.

허공에 걸친 줄은 얼룩무늬의 가계도다
위에서는 바다 걸치고 아래서는 고층에 닿은
그 줄에 줄줄이 엮인 줄이라는 집

밤마다 매달려 줄과 줄 사이의 층층이
불빛으로 출렁거린다
먹이의 보관소인가 잠의 묘지들인가

이곳에서는 보름달도 수분을 빨아먹고 하현으로 만드는지
줄 타고 순식간에 달려온 달빛이 형형하다

엘리베이터는 방적돌기여서 지상에서
사람들을 뽑아낸다 밤마다 어둠으로 돌돌 말아
꿈을 주입해 피곤을 섭취한다

사랑이라는 이름의 종족 번식
새끼가 태어나고 자식이 자라고 출가하는 아파트
미혼모의 무력감이 일찍 소등되기도 하고
아비를 포기한 아들의 소갈머리가 술병을 들이박는다
벽이 통째로 울리는 그물의 출렁거림

그럼에도 줄을 타려면 기다림을 배워야 한다
겹겹이 연결된 선이 오르고 내린다

벽이 곧 줄이므로 거센 바람이 낯선 얼굴을 흔들 때
우는 소리에 선이 구불구불하다

창문은 아슬아슬하게 서로의 틈을 버틴다

모성은 아이 낳고 금줄을 치고
무당거미는 짝짓기 신호로 금줄을 친다

얽히고설킨 줄에 이슬이 아웅다웅 빛난다
금禁 줄이다 줄의 발전소다
이 집은 매혹스러운 고갱이다
―「줄이라는 집」 전문

시의 첫 행은 이를 압축적으로 드러내는데 "허공에 걸친 줄은 얼룩무늬의 가계도다"라는 줄의 상상력이 바로 그것이다. 아파트가 단순하게 단절과 소외의 공간이 아닌, 줄로 사방으로 연결되어 각자의 이야기가 얽히고설킨 삶의 무늬를 드러내고 있음을 적시하는 것이다. 이때 "줄줄이 엮인 줄이라는 집"은 개별 세대들을 집합적으로 묶어내는 동시에 그 속에 거주하는 존재들을 모두 하나의 관계망으로 연결짓는다.

이렇게 밤마다 줄과 줄 사이의 불빛으로 출렁이는 공간은 "먹이의 보관소"이기도 하고 "잠들의 묘지들"이기도 하다. 여기서 엘리베이터는 방적기처럼 지상으로 사람들을 뽑아내기도 하고 다시 밤이 되면 어둠으로 돌돌 말아 꿈을 주입한다. 이러한 공간에서도 끊임없이 "사랑이라는 이름의 종족 번식"은 계속되고 새끼들은 자라나 출가한다. 이렇게 여러 세대의 삶이 동시적으로 다양하게 펼쳐지는 아파트는 그 속에 내밀한 비극과 고통도 함께 알알이 들어박혀 있다.

그러나 이 시가 절망으로 끝나지 않는 것은 이 모든 것이 '벽'이 아닌 '줄'로 연결하고 있기 때문이다. 이러한 겹겹이 연결된 줄은 개별적인 삶에 보이지 않는 영향을 미치고 서로 얽혀 있기 때문이다. "거센 바람"이 흔드는 외로움과 고통에 반응하며 "선이 구불구불"해진다는 것은 이 무수한 단자적 존재들이 기실 보이지 않은 줄로 연결되어 있음을 의미한다. 아파트라는 공간은 이처럼 얽히고 설킨 줄에 빛나는 "매혹스러운 고갱"이라는 경이로운 예술로 화한다. 이처럼 시인은 존재 은폐의 상황 속에 놓여 있는 대상의 이면을 읽어내는 언어적 팔루스를 지향한다. 이것은 곧 시적 언어로 상징계의 획일적인 의미와 질서를 해체하고 그 틈을 파고들어 삶의 비가시적인 무늬를 새롭게 새기려는 예술 행위라 할 수 있다.

이는 곧 "다시 힘 빼야 생기는 근육을 번쩍 들어 올"려 "지나온 삶의 바벨을 들어 간신히 가슴에 걸"(「역도逆道」)치는 시작의 원리와 연결된다. 강요되는 의미의 힘을 빼고, 시적 상상력이라는 근육으로 삶의 들어 올리는 역도逆道로서의 역도力道 말이다. 그리하여 시인은 다음과 같이 말한다. "들일 때와 머무를 때 그리고 버릴 때의 각오란/

사력을 다해 한때의 나에게서 벗어나는 것"(「옷장을 비우며」) 이렇게 사력을 다해 나에게서 벗어나려는 행위는 현실의 나타懶惰 속에 무위의 삶을 지속하는 뭇사람들의 삶과 대비되는 것으로서 이는 시인의 시적 고투의 본질이다.

시인은 시작詩作 행위를 통해 항시 "본질과 껍질 사이에" 갇힌 "붉고 윤이 나는 농담을 붙잡으려"(「붉고 윤이 나는 농담」) 한다. 이를 바탕으로 억압이 아닌 해방을, 복종이 아닌 자유를 꿈꾸는데 이는 상징계의 원리에 부합하는 것이 아니어서 본질적으로 불온한 것이다. 하지만 "자유는 구속이 할 수 있는 최선의 배려"(「금원과 나」)라는 점에서 우리는 능동적인 자유to freedom가 아닌 소극적인 자유from freedom의 상태에 만족할 때가 많다. 따라서 단순히 외부의 억압이나 구속에서 벗어나는 소극적인 자유가 아닌 자신의 본질을 실현하고 잠재력을 발휘하는 적극적이고 능동적인 자유가 진정한 의미의 자유라 할 수 있다.

이제 마지막으로 시인이 세상을 바라보는 시선의 정서적 층위를 살펴볼 차례다. 시인은 소양감댐을 소재로 한 시에서 "정확하게 애환이 배열되었을 때만/ 슬픔을 열 수 있다"(「물의 금고」)고 말한 바 있다. 정직한 슬픔을 미학의 정수라고 지칭할 때, 시인은 단순한 슬픔의 시선에서 세상을 바라보지 않는다. 여기에는 슬픔의 정서를 정확하게 배열하는 시선의 전환이 자리한다.

한겨울 눈은 가로등 불빛 속에서만 날린다 둥글고 환한 그 영역 입자들 혈통이 저기압의 핏줄을 잇고 있다

우두커니 서 있을 때 목격되는 나, 멀리서 보면 가로등이 품은 공간은 밤의 홍채다

눈을 감았다 뜨면 소원이 이뤄진다고 믿었던 때가 있었다 촛불 앞에서 따뜻한 손바닥이 가린 곳에서 스르르 녹아내렸던 날들

밤이 가로등을 통해 광경을 인식한다면 바닥에 닿기 직전까지의 눈들은 기일에 가닿은 것인지

물끄러미 바라보게 되는데 공원길 듬성듬성 서 있는 가로등 불빛 속 둥근 여운마다 각기 다른 장면이 있다

검은 머리를 덮어가는 흰 실루엣은 엄마의 근심, 내가 뛰어 들어왔다 밖으로 사라지는 사이 눈사람이 눈썹을 얻는다

눈멀어 다가가 만져야 하는 사람 녹아내리는 기억은 더 이상 뭉쳐지지 않는다

엄마는 눈이 내리는 나이에서 사탕을 꺼내야 했다 하늘이 회백색으로 흐려져 애야, 초봄이 둘, 셋으로 겹쳐 보이잖니 잠깐씩 어리다 사라지는 그림자가 네 동생인 것 같구나

펑펑 쏟아져 내리는 눈 밤은 봐야 할 것만 보는 건지 내게 잠깐씩 머물다가는 시간을 내어준다

밤새도록 부릅뜨듯 초점을 조였다 풀었다 나를 들여다보고 있다
―「후천성 슬픔」 전문

현실적인 사물로서의 가로등은 외부의 인공적인 빛이지만, 시에서는 가로등의 불빛이 "밤의 홍채"로 전환되어 세계를 인식하는 시선으로 기능한다. 여기서 가로등이 설야雪夜의 목격자로 기능한다면 한겨울 눈이 가로등 불빛 속에서만 날리며 "저기압의 핏줄"을 잇는 장면도 가로등의 시선에서 중개된 것이다. 이어지는 회상의 편린들 속에서 이 사물적 시선은 외부가 아닌 내면의 기억을 탐사하는 매개로 전환된다. 여기서 "눈을 감았다 뜨면 소원이 이뤄진다고 믿었던 때"란 유년기의 순수한 믿음에의 상태를 지칭하지만 이는 "기일에 가닿은" 눈과 같은 망각과 상실로 이어진다. 기억이란 그런 것이다. "눈멀어 다가가 만져야 하는 사람"이지만 이내 "녹아내리는 기억" 속에서 그것은 더 이상 뭉쳐지지 않는 것이다.

밤이 가로등을 통해 홍채를 얻어 풍경을 인식한다는 시적 가정은 이제 "밤새도록 부릅뜨듯 초점을 조였다 풀었다 나를 들여다보고 있"는 상황으로 귀결된다. 이를 통해

화자는 대상을 바라보는 자가 아니라 대상에 의해 응시되는 존재로 전환되는데, 이때 "후천성 슬픔"이란 보는 주체 seeing subject가 아닌 보여지는 대상seen object으로서의 성찰적 태도를 지칭한다고 할 수 있다.

  시인은 스스로를 이렇게 규정한다. "나는 그림에 들어가 그 뒷면을 그리는 화가"(「그림 뒷면에 고용된 화가」)라고. 여기에 시작詩作의 비밀이 숨어 있다. 그림에 들어가는 것은 보는 행위이지만 그 이면을 그리는 행위는 그림이 달리 보여지도록 주체의 위치를 전도했기에 가능한 것이다. 이것이 곧 역도逆道, "붉고 윤이 나는 농담"이라는 존재의 이면을 건져 올리기 위한 시작의 방법론이자 세계관이다.

    공원 산책길 오며 가며 보았던 나무가 있다
    벼락이라도 맞았는지 반쪽이 쪼개져
    죽은 듯했으나
    봄이 되자 나머지 반쪽이 생동한다

    풍 맞은 한쪽 다리도 반대쪽 다리가 끌어주면
    되살기도 한다던데

    사월, 반쪽의 나무가 벚나무인 걸 알았다
    반을 위해 꽃잎 틔우는 뿌리,

어떤 계통이 작용한 것인지

둘러보니 주위가 다 벚나무 군락지였다

죽어가는 나무에 혈통은 무시할 수 없는 생명력일까
뿌리가 퍼진 땅속 이쪽 실뿌리와 저쪽 실뿌리가 닿아
가계家系가 연결되었으리라
수백만 년의 사계가 눈이 트는 것이 발아이리라

어쩌다 반신불수가 된 사람이, 매일
반쪽을 데리고 산책하여 온전하게 되었다는 이야기

어쩌면 되살아난 저 벚꽃들도
근처 나무에서 보내온 기별일지도 모른다

소식이 신경처럼 정보를 서로 전달하는 것이라면
벚꽃의 만개는 봄의 온 신경이 곤두선 것

자세히 보니 어긋나게 돋아난 꽃잎이
분홍빛에서 점점 백색으로 부풀고 있다
바람이 드나들며 이곳저곳 날리는 꽃잎을 뒤섞는다

하나의 산은 수많은 뿌리가 얽혀 만든
자연의 신체다
─「혈통」 전문

더 나아가 이러한 역도의 발상은 상실과 결핍의 존재들 사이의 연결망 속에서 부서진 것을 낫게 하고 부족한 것을 온전케 하는 회복의 윤리로 확장된다. 시는 벼락을 맞아 반쪽이 쪼개져 죽은 듯한 나무가 봄이 되자 "나머지 반쪽이 생동"하는 장면을 포착한다. 이러한 생명력의 근원은 "혈통", 즉 주변의 벚나무 군락지와 땅속에서 서로 닿아 있는 실뿌리들의 연결에 있었다는 것이 이 시의 핵심이다. 「후천성 슬픔」에서 대상에 의해 응시되는 대상으로서의 성찰적 주체는, 이 시에서 보이지 않는 유기적 연결망을 통해 치유하고 완성해가는 존재의 모습으로 확장된다.

따라서 시인의 역도의 시적 발상은 단순히 상징계의 억압적 질서에 저항하는 방법론을 넘어 분열된 주체의 상실된 근원적 향유를 다시금 회복하려는 치유의 세계관으로 나아간다. 시인의 붉고 윤이 나는 농담은 이렇게 개별자들을 '줄'로, '뿌리'로 연결함으로써 분열과 결핍을 넘어 조화와 치유의 시학으로 나아가는 것이다. 이러한 시인의 도저한 시적 욕망이 어떠한 기표들의 사슬을 이어갈지 그 언어적 팔루스를 오래 지켜볼 일이다.

달아실시선 105

붉고 윤이 나는 농담

1판 1쇄 발행	2025년 12월 17일
지은이	엄세원
발행인	윤미소
발행처	(주)달아실출판사
책임편집	박제영
디자인	전부다
법률자문	김용진, 이종진
기획위원	박정대, 이홍섭, 전윤호
편집위원	김선순, 이나래
주소	강원도 춘천시 춘천로 257, 2층
전화	033-241-7661
팩스	033-241-7662
이메일	dalasilmoongo@naver.com
출판등록	2016년 12월 30일 제494호

ⓒ 엄세원, 2025
ISBN 979-11-7207-083-0 03810

이 책의 일부 또는 전부를 재사용하려면 반드시 저작권자와 (주)달아실출판사 양측의 동의를 얻어야 합니다.

* 잘못된 책은 구입한 곳에서 바꿔드립니다.
* 책값은 뒤표지에 표시되어 있습니다.
* 이 책은 춘천시, 춘천문화재단으로부터 제작비 일부를 지원받았습니다.